So schön ist

DEUTSCHLAND

50 HIGHLIGHTS, DIE SIE GESEHEN HABEN SOLLTEN

So schön ist DEUTSCHLAND

Edda und Michael Neumann-Adrian · Thomas Kliem

50 HIGHLIGHTS, DIE SIE GESEHEN HABEN SOLLTEN

BRUCKMANN

Oben: Seebad schon zu wilhelminischer Zeit: Sellin auf Rügens Halbinsel Mönchgut mit stattlicher Seebrücke. Mitte: Starke Farben liebt der Norden: wie hier am »Blauen Haus« im viel besuchten Zingst. Unten: Ein Juwel in Deutschlands grüner Mitte: Bamberg, mit dem Gartenschloss »Concordia« an der Regnitz.

Inhaltsverzeichnis

Oben: Märchenschloss in den bayerischen Alpen: Das Schachenschloss überrascht mit orientalischem Interieur. Mitte: Zum Schönsten im alpinen Sommer gehören die blühenden Bergwiesen, hier vorm Zugspitzmassiv. Unten: In stillen Seen spiegelt sich das Karwendelgebirge bei Mittenwald.

NORDSEE
OSTSEE
NORDFRIESISCHE INSELN
OSTFRIESISCHE INSELN
0
50 km
N
Traumziele
1
SYLT
Westerland
Niebüll
Flensburg
Husum
Schleswig
Heide
Kiel
HELGOLAND
Puttgarden
FEHMARN
RÜGEN
16
Nationalpark Jasmund
Saßnitz
Vorpommersche Boddenlandschaft
7
Stralsund
8
Greifswald
USEDOM
Eutin
2
Neumünster
Itzehohe
Brunsbüttel
Lübeck
Wismar
Rostock
Güstrow
Anklam
13
SPIEKEROOG
Cuxhaven
Norden
Jever
Aurich
Wilhelms-haven
Emden
Bremer-haven
Stade
Ratze-burg
Schwerin
Neubrandenburg
Mecklenburgische Seenplatte
Neustrelitz
Müritz
9
Prenzlau
3
4
Hamburg
Lauenburg
Ludwigslust
5
Worpswede
Leer
Ostfriesland
Oldenburg
Delmenhorst
Bremen
Lüneburg
Lüneburger Heide
Soltau
Uelzen
Elbe
Weser
Ems
Wittenberge
Mirow
Rheinsberg
10
Gransee
Schwedt
Neuruppin
Havelberg
Verden
Quaken-brück
Meppen
Salzwedel
Altmark
6
Havel
12
Berlin
Nienburg
Celle
Stendal
Nauen
11
Lehrte
Wolfsburg
Branden-burg
Potsdam
Fürstenwalde
Rheine
Osna-brück
Minden
Hannover
Aller
Braunschweig
Frankfurt/O.
Hameln
14
Königslutter
Elm
Magdeburg
Spree
Spreewald Biosphären-reservat
33
Münster
17
Münsterland
Gütersloh
Bielefeld
Hildes-heim
Salzgitter
18
Bad Harzburg
32
Quedlinburg
Goslar
Lutherstadt Wittenberg
19
Dessau
Cottbus
Lausitzer Neiße
Xanten
Reckling-hausen
Weserberg-land
Holzminden
Thale
Harz
Bernburg
Finsterwalde
Hamm
Paderborn
15
Duisburg
Bochum
Dortmund
Göttingen
Lutherstadt Eisleben
Halle
Torgau
Krefeld
Essen
Münden
Nord-hausen
Hoyerswerda
Kassel
Heiligenstadt
Sonders-hausen
Merseburg
Saale
Leipzig
Düsseldorf
Wuppertal
Sauerland
Mühlhausen
Bautzen
Görlitz
Meißen
Oberlausitz
Leverkusen
Fulda
Naumburg
22
23
Dresden
Nationalpark Sächsische Schweiz
24
Zittau
Wartburg
Gotha
Erfurt
Weimar
Dornburg
Köln
Siegen
Bad Hersfeld
Eisenach
20
21
Jena
Gera
Chemnitz
Aachen
Bonn
Marburg
Thüringer Wald
Zwickau
Erzgebirge
Westerwald
Rhein
Lahn
Rhön
Meiningen
Saalfeld
Annaberg-Buchholz
Neuwied
Gießen
Eifel
Wetzlar
Bad Nauheim
Plauen
Vogtland
Koblenz
Burg Eltz
25
Taunus
Coburg
Hof
Cochem
26
Rheingau
Frankfurt
Bad Kissingen
Seßlach
31
Frankenwald
Winkel
Wiesbaden
Aschaffenburg
Schweinfurt
30
Mosel
Bingen
Mainz
27
Darm-stadt
Main
29
Bayreuth
Markt-redwitz
Böhmerwald
Trier
Idar-Oberstein
Würzburg
Bamberg
34
Kitzingen
Worms
Bens-heim
Tauber-bischofsheim
Erlangen
Weiden
Ludwigshafen
Tauber
35
Fränkische Alb
Amberg
Saar-brücken
Kaisers-lautern
28
Heidelberg
Fürth
Nürnberg
Speyer
Rothenburg ob der Tauber
Ansbach
Schwabach
Pirmasens
Cham
Gr. Arber 1456 m
Heilbronn
Bayerischer Wald
Karlsruhe
Schwäbisch-Hall
Dinkelsbühl
Regens-burg
38
Zwiesel
Neckar
Rastatt
Pforzheim
Aalen
Nördlingen
Eichstätt
Straubing
47
Stuttgart
Deggendorf
Baden-Baden
Schwäbische Alb
Donau-wörth
Ingolstadt
Passau
Tübingen
Geislingen
Donau
Isar
Offenburg
Schwarzwald
37
Reutlingen
Landshut
Ulm
Freising
Neu-Ulm
Augsburg
Dachau
Mühldorf
48
43
Breisgau
36
Biberach
Landsberg
München
Inn
Frei-burg
Tuttlingen
Memmingen
Starnberg
Rosen-heim
Chiem-see
Traunstein
Singen
Kaufbeuren
45
Schaffhausen
MAINAU
Ravensburg
Chiemgau
Freilassing
50
49
Meersburg
Kempten
Wies
42
Staffelsee
Lörrach
Konstanz
39
Allgäu
41
Füssen
Oberammergau
Berchtesgaden
Bodensee
Lindau
40
Neuschwan-stein
44
Garmisch-Partenkirchen
Watzmann 2713 m
Nationalpark Berchtesgaden
46
Zugspitze 2962 m
Alpen

Oben: Mächtige Mauern über edlen Riesling-Reben: Schloss Johannisberg im Rheingau. Mitte: Deutschlands zweitgrößter See: die Müritz im südlichen Mecklenburg. Unten: Schloss Rheinsberg, berühmt durch den Preußenkönig Friedrich II. und Kurt Tucholsky. Rechts: Wasserschloss Raesfeld im Münsterland.

Schönstes Deutschland

Wer will sie nicht gesehen haben, die Naturwunder aller Kontinente und die Landmarken der Weltkulturen – die Pyramiden der Pharaonen, das Taj Mahal, den Eiffelturm, die Schlösser Peters des Großen und die Gärten der Alhambra? Wir wünschen es jedem, dass seine Sehnsüchte sich erfüllen. Wunschziele in Fülle hat auch Deutschland, das so überreich ist an schöner Natur, an bewunderswerten Stadtbildern und Bauwerken.

Die Ziele, zu denen dieser Band einlädt, sind überdies mit weniger Aufwand und Mühe zu erreichen, auch von den europäischen Nachbarn. So dicht sind die Verkehrsnetze der Bahnen und Autobahnen geknüpft, groß ist die Zahl der Flugplätze. Zum offenen Reiseland für Gäste aus aller Welt ist Deutschland seitdem großen Einschnitt im Zeichen der Geschichtswende von 1989 geworden. Jene Wunschziele zwischen Ostsee und Erzgebirge, die vier Jahrzehnte lang vom Westen her gar nicht oder nur unter langwierigen Kontrollen zu besuchen waren, haben nur noch für eine Minderheit der Deutschen in den »alten« Bundesländern etwas Fremdartiges.

Wie findet jemand heraus, welche die 50 schönsten deutschen Ziele sind, Kulturstätten und Naturlandschaften, Burgen und Schlösser, Altstädte und Kirchen, Gebirge, Flüsse und Seen?
Dazu in drei Punkten:
Zum Ersten ist sicherlich »schön«, was einem Menschen als schön erscheint. Dem Nächsten gefällt dasselbe aber unter Umständen überhaupt nicht. Es gibt nicht das objektiv Schönste. Vielleicht aber eine vielstimmige Übereinstimmung über das Sehenswürdigste. Sind es bis heute 50 Millionen, werden es bald 100 Millionen Menschen aus aller Welt sein, die Schloss Neuschwanstein besucht haben?
Zum Zweiten: Wir haben beim Auswählen darauf geachtet, nach Möglichkeit solche Stätten, Orte und Landschaften vorzustellen, an denen man sich sehr wohl fühlen kann, möglichst unbehelligt von Verkehrslärm, Bausünden und wüstem Gedränge.
Zum Dritten: natürlich könnten wir statt 50 gern hundert oder zweihundert ähnlich besuchenswerte Plätze nominieren. Trotz aller schrecklichen Zerstörungen historischer Stadtbilder im Zweiten Weltkrieg ist Deutschland noch immer sehr reich an alten oder zumindest wieder aufgebauten Stadtkernen. Trotz wachsender Zersiedelung auch reich an sehenswerten Landschaften.

Deutschland ist sehr reich an Seen und Flusslandschaften: Oben: Der Große Plöner See bei Bosau. Mitte: Spreewald-Ausflugsboote werden durch ruhige Gewässer gestakt. Unten: Giebel und Türme am Hafen von Lindau am Bodensee. Rechts oben: Das Dorf Königssee mit dem Untersberg.

Zeitreisen durch die Jahrhunderte

Um Deutschlands Vielfalt der Landschaften zwischen Meer und Alpen kennen zu lernen braucht es Jahre. Die Küsten von Nord- und Ostsee und die bayerischen Alpen und Voralpen sind die beliebtesten Urlaubsregionen. Kein Grund, nicht auch in der Mitte nach Schönstem zu fahnden. Wir erzählen von den Flusslandschaften, und nicht nur von Rhein und Elbe, auch von den Tälern der Tauber und der Saale. Zumindest das Saaletal ist vielen West- und Süddeutschen noch ganz unbekannt, trotz der stimmigen Gedichte, die Goethe über die Dornburger Schlösser geschrieben hat. Das Erstaunliche: seit seiner Zeit hat sich in dieser Landschaft zwischen Dornburg und Jena nicht sehr viel geändert.

Ähnlich in der Altmark – wo liegt denn die?, mag mancher fragen – um die Städtchen an Elbe und Havel. Stendal, Tangermünde und Havelberg tragen nicht mehr DDR-Grau, sie haben frische Farben aufgelegt, sind voll Leben inmitten ihrer alten schönen Ortsbilder.

Sie finden in diesem Band etliche solcher jahrhundertealten Klein- und Mittelstädte, zum Beispiel Freiburg und Heidelberg, Ulm und Goslar, in Franken Bamberg und das winzige Seßlach. Wer diese dann mit Städten in Mecklenburg-Vorpommern, in Sachsen-Anhalt oder Thüringen vergleicht, zum Beispiel mit Stralsund, Quedlinburg oder Eisenach, wird Unterschiede bemerken, jedoch nicht immer zum Nachteil der ehemaligen DDR-Orte. Dort wurde die historische Bausubstanz jahrzehntelang vernachlässigt, mancher reparaturbedürftige »Feudalbau« auch vorsätzlich abgerissen, weil die damaligen Machthaber Schlösser für ideologisch schädlich befanden. Für die Rettung der alten Städte war es dann fünf vor zwölf, als 1989 die Mauer zwischen Ost und West fiel. Heute zeigen manche ehemaligen DDR-Orte im Vergleich mit ähnlichen westdeutschen die authentischeren alten Stadtbilder. Warum? Weil das Wirtschaftswunder in der DDR ausblieb. Man war nicht wohlhabend genug, um die alten Stadtkerne mit Warenhäusern und Verwaltungspalästen zu verschandeln. Oder in die historischen Stadtsilhouetten der romanischen und gotischen Kirchtürme Hochhausquader zu setzen (Jena freilich bekam seinen Hochhausturm). In vielen westdeutschen Städten wurde in den Nachkriegsjahrzehnten mehr historische Bausubstanz zerstört als im Bombenkrieg gegen Hitler-Deutschland.

Weltkulturerbe, Nationalparks, Bürgerprotest

Die Zahl der deutschen Dome, Burgen und Altstädte auf der Weltkulturerbe-Liste der UNESCO wächst noch immer. Nach Italien und Frankreich zählt Deutschland danach zu den an Kulturstätten reichsten Ländern (aktueller Stand der Liste im Internet: www.weltkulturerbe.de). Diese UNESCO-Liste ist nicht nur ein Aushängeschild von touristischer Attraktivität. Sie verpflichtet die Städte respektive auch andere Träger zur Pflege und Erhaltung. Das betrifft nicht nur die Bauwerke selbst, sondern auch ihre Umgebung. Als Investoren in Potsdam den Blick aufs Stadtbild um ein großdimensioniertes Kaufcenter erweitern wollten, drohte das UNESCO-Gremium mit Entzug des Weltkulturerbe-Status. So auch den Kölnern, als dem Dom gegenüber auf der anderen Rheinseite ein Hochhausprojekt anstand. Zum Glück gibt es bei aller Subjektivität manchmal doch einen breiten Konsensus über das, was schön ist, und – ebenso wichtig – darüber, was dem Schönen abträglich ist.

Für die deutschen Naturlandschaften sind die – meist eher kleinen – Naturschutzgebiete und die großen National-

Oben: Dramatische Felslandschaft ums Teufelshorn über dem Königssee. Mitte: Sonne, Seen und Gebirge: der Chiemgau. Unten: Wildwasser schaffen die tief eingeschnittenen alpinen Felstäler, die »Klamm« genannt werden. Links: Mit Inseln, und Schilfbuchten einer der reizvollsten im Voralpenland: der Staffelsee.

Oben: Ein Pavillon-Prunkstück des Dresdner Zwingers. Mitte: Von den Italienern viel gelernt: die Geigenbauer von Mittenwald. Unten: Transparente Zeltdächer des Münchner Olympiastadions. Rechts: Wie diese Linden bei Bad Doberan wurden viele Alleen in den Neuen Bundesländern vorm Abholzen gerettet.

parke die wichtigsten Schutzvorkehrungen. Die effektivsten Aktionen zum Schutz großer Naturlandschaften fanden in der DDR statt, als es mit ihr zu Ende ging. Die Naturschützer im »Honeckerland« hatten trotz vieler ökologischer Niederlagen nicht aufgegeben. Als der Einigungsvertrag ausgehandelt wurde, griffen sie in ihre Schubladen und präsentierten fertig ausgearbeitete Pläne für die Einrichtung von Nationalparks, von Rügen bis zur Sächsischen Schweiz. Fast ein Wunder, aber es war die Wirklichkeit: Der Einigungsvertrag bestätigte die Projekte. Die gesamtdeutsche Nationalparkbilanz verbesserte sich beträchtlich. Die meisten Nationalparkregionen gehören ohne Zweifel zum »Schönsten Deutschland«.

Es gibt viele Beispiele von Bürgeraktionen, die Entscheidendes für den Wiederaufbau oder den Erhalt von ererbter Schönheit bewirkten. Dresdner Bürger starteten das Spendensammelwerk für den Wiederaufbau der total zerstörten Dresdner »Frauenkirche«, sie ermüdeten auch nicht und setzten den Aufbau tatsächlich mit hohem Millionen-Euro-Einsatz durch. Vor kurzem, 2005, konnte die Kirche geweiht werden. Dresdens architektonisches Herzstück an der Elbe, von der Brühlschen Terrasse bis zum Zwinger, vom Neumarkt bis zur Semperoper ersteht neu.

In München drohte einem der mutigsten, phantasievollsten und lichtesten Bauwerke aus der zweiten Hälfte des 20. Jahrhunderts ein verunstaltender Umbau, gar der Abriss: dem Olympiastadion. Der Fußball-Meisterclub FC Bayern brauchte ein neues, ein anderes, ein zeitgemäßes Stadion, Marke »Hexenkessel«. Die Architekten, Günter Behnisch und Frei Otto, die Urheberrechte geltend machen konnten, hätten möglicherweise einem beschränkten Umbau zugestimmt. Doch die Proteste häuften sich, viele Münchner fürchteten um ihren Olympiapark. Unversehens wendete sich der Streit: Das Stadion mit seinem transparenten Dach wurde unter Denkmalschutz gestellt, Und die FC-Bayern-Manager bauten gemeinsam mit den 1860er »Löwen« am nördlichen Stadtrand die »Allianz-Arena«, mit bunt erleuchtbarer Außenhaut.

Schönheit ist nichts Statisches, will immer neu erlebt werden, muss auch verteidigt werden. Freuen Sie sich an der Vielfalt der in fünfzig Beispielen ausgebreiteten Auswahl. Und helfen Sie, wo es Not tut mit, an der Erhaltung all dieser und vieler anderer Schönheit in den deutschen Landschaften und Städten!

Wo wollen Sie wohnen?

Zum schönen Erlebnis gehört auch ein angenehmes Quartier. Wir haben uns umgesehen nach Unterkünften, die sich mit eigenem gastlichen Charakter und schöner Lage auszeichnen. Wir schlagen Hotels in unterschiedlichen Preislagen vor, jeweils eines für jeden Ort. Viele Adressen mehr bieten die Fremdenverkehrsbüros, die Kataloge der Gastgeber und Internet-Adressen.

Michael und Edda Neumann

Starke Farben liebt der Norden:
Oben: Die blaue Scheune auf Hiddensee.
Mitte: Das »Blauen Haus« im viel besuchten Zingst am Darß.
Unten: Das pittoreske Heiliggeistkloster in Stralsund.
Rechts: Seebad schon zu wilhelminischer Zeit: Sellin auf Rügens Halbinsel Mönchgut mit stattlicher Seebücke.

Deutschlands Norden

Mitte: Am »Ellenbogen« im Norden der lang gestreckten Insel.
Unten: Am »Roten Kliff« beim Dorf Kampen, einem bevorzugten Treffpunkt der Reichen und Schönen.
Rechts: Leuchtturm beim Ort List. Alljährlich kommen Liebhaber des Meeres zu Zehntausenden, und doch kann Sylt Stille und Ursprünglichkeit bieten.

1 Sylt – »Königin der Nordsee«

Ein deutscher Traum

»Meer. Leidenschaft. Leben« steht als Motto auf den Sylt-Publikationen des jungen 21. Jahrhunderts: Das soll bedeuten, nach Sylt zu fahren, ist viel mehr als irgendein Urlaub, ist elementar, existentiell. Mehr als 150 Jahre sind vergangen, seit die Sylter 1855 das Seebad Westerland gründeten. Die Sylter waren damals keineswegs mehrheitlich davon überzeugt, ob Touristen ihrem Inselleben von Vorteil sein könnten.

Daran mag mancher Sylter, der die Insel vielleicht lieber allein für sich und die Seinen hätte, heute noch immer zweifeln, wenn er auf Westerlands allzu markantes Hochhaus oder auf die Statistiken der »Gesamtgästezahlen« schaut. Die nämlich bezeugen, dass jüngst Jahr um Jahr annähernd eine halbe Million Tages- und Übernachtungsgäste auf Deutschlands nördlichste Insel reisen. Dies hat unübersehbare Folgen, wilhelminische Villen mussten oft Appartementhäusern weichen.

Vor allem die Gäste, die sich auf der Insel für Tage oder Wochen einquartieren, sind heute doppelt so zahlreich wie im Jahr 1980. Aber Sylt ist mit rund 100 Quadratkilometern Fläche die größte der deutschen Nordseeinseln und hat noch Platz: wen es nicht gerade auf Westerlands Friedrichstraße zieht, die Bummel- und Einkaufsmeile der Inselhauptstadt, der findet auf der Insel noch immer seine »Escapes«, abseits von anderen Touristen.

Warum ist es auf Sylt so schön?

Weil man in dieser Landschaft aus Meer und Sand, Weidegrün und Dorfleben ohne lange Fahrten nach Lust und Laune mal inmitten vieler Menschen, mal in kilometerlanger Strandeinsamkeit sein kann. Und man das Meer immer nahe weiß, von Tag zu Tag wunderbare Sonnenaufgänge, Sonnenuntergänge und Wolkenspiele über dem Glänzen und Glitzern der See erlebt, Sturmtage mit tobenden Wellen und stundenlange Windstille. Unter wolkenlosem Himmel wärmt die Sonne stärker, und die Masten der Yachten stehen wie die Buchstaben einer steil geschriebenen Schrift vor dem ruhigen Blassblau des Meeres.

Mancher sucht Ruhe in seinem Strandkorb (es gibt, heißt es, rund 12 000 auf Sylt), in diesem genial erfundenen Möbelstück, das zum Sonnen so gut wie als Wind- und Wetterschutz taugt, für Einzelbewohner wie für Paare passt.

Oben: Schöner wohnen auf Sylt, hier unter einem Reetdach in Keitum.
Mitte: Wind und Sturm sind mit Sylt verschwistert, echte Strandgänger lassen sich nicht abschrecken.
Unten: Schöner einkaufen, zum Beispiel in Kampen.
Rechts: Auf der dem Festland zugewandten Seite der Insel: bei Munkmarsch.

Sportlichere schwingen sich auf ihre Räder, treten gegen den Wind an oder lassen sich mit Rückenwind über die halbe Insel treiben (für die Rückfahrt findet sich notfalls immer ein Bus, das Busnetz ist zumindest in der Saison so dicht angelegt, dass der eigene Wagen entbehrlich wird). Wilder treiben es die Surfer, sie sind auch mit Paragliding-Schirmen über den Wellenkämmen unterwegs, mit starken Sprüngen.

Ein Haus auf Sylt – Traum erfüllt

Mehr und mehr wird Sylt übrigens touristisch zur »Ganzjahresinsel«, wird vor allem zu Weihnachten und zur Jahreswende viel besucht. Wintertage taugen zu ungestörten Spaziergängen wie zu Glühwein- und Grogrunden in den reichlich vorhandenen Lokalen. Groß ist die Zahl der Syltliebhaber, die für ein eigenes Dach auf der Insel gesorgt haben – ein Haus auf Sylt, Traum erfüllt! –, bei hinreichendem Vermögen mit teurem, ansehnlichem Reet gedeckt. Reet wird seit Jahren schon aus dem Orient eingeführt.

Ob Sylt die Insel der Reichen ist? Nicht wenige Gutbetuchte besitzen ihr Syltquartier, in Kampen und Keitum vor allem, aber auch in anderen Inseldörfern, wo der Lebensstil nicht so aufwendig ist. Menschen unterschiedlicher Herkunft kommen nachbarlich miteinander aus, weil sie alle Sylt-Fans sind.

Künstler, Maler, Schriftsteller haben die Insel als Sommergäste vor 100 Jahren berühmt gemacht. Lovis Corinth und Heinrich Vogeler, die Autoren Gerhart Hauptmann und Thomas Mann, Stefan Zweig und Robert Musil, der witzige Seefahrer Joachim Ringelnatz und der gefürchtete Kritiker Alfred Kerr, sie alle fanden in den Sylter Dünen ein Stück weit zurück zur Natur, liebten diese – im Vergleich zu anderen Nordseeinseln so geräumige – Zuflucht aus den städtischen Arbeitswelten.

Peter Suhrkamp schrieb über Sylt: »Sie ist nie dieselbe und doch stets unverkennbar die Insel. Wie sie sich darbietet, das ist in keinem Augenlick nur ihre eigene Natur, immer ist auch etwas anderes dabei. Wer Erinnerungen an viele Orte in den verschiedenen Zonen der Erde mitbringt, der kann sich auf der Insel in einer homerischen Bucht oder auf einem schottischen Moor, in einem hoch gelegenen Gebirgstal oder in der Sahara, in einem norddeutschen Dorf des 16. Jahrhunderts oder, wie jemand versicherte, sogar unter dem tibetanischen Himmel wieder finden.«

Dass es fast immer noch so ist, daran sind die Sylter Inseldeiche stark beteiligt. So schmal die Insel sich von Hörnum im Süden bis List im Norden erstreckt, nicht immer ist das Meer im Blick. Wer sich ganz auf seinen Augenschein konzentriert, kann sich an manchen Plätzen auch heute in einem Hochland glauben, umschlossen von Gebirgskämmen. Nachgemessen sind die Kliffs – das »bunte« Morsumkliff, das Rote Kliff bei Wenningstedt und Kampen –, nicht mehr als stolze 21 bzw. 30 Meter hoch, die Uwe-Düne bei Kampen erreicht die maximale Gipfelhöhe von 55 Metern.

Erst im Jahr 1927 bekam Sylt seine auf festem Boden befahrbare Verbindung mit dem Festland, den Hindenburgdamm. So heißt er heute immer noch, auch wenn der Hindenburg-Mythos seither deutlich beschädigt ist. Seit 1950 rollen Autozüge über den Hindenburgdamm, jetzt »SyltShuttle« genannt, mit immer komfortablerer Abfertigung – man stoppt nur kurz am EC-Automat, steckt seine Kreditkarte hinein, empfängt eine Chipkarte, die bei der Rückfahrt noch einmal nützlich ist und wartet eine meist nur kurze Weile bis zur Öffnung der Auffahrtsrampe. Im Wagen kann man Mitfahrer und Gepäck, dazu nach Belieben auch die Fahrräder auf die rund 35 Minuten kurze Fahrt übers Watt mitnehmen. Wer's eiliger hat, kommt per Flugzeug.

Sehr viel Sehnsucht wird rund ums Jahr transportiert auf der kurzen Autozug-Strecke nach Sylt, Sehnsucht nach dem Ausnahme-Leben umgeben vom Meer, auch wenn es oft niedrige Temperatur hat, nach reiner Luft, nach Sonne, Wind und Wolken. Die meisten Gäste kommen aus dem norddeutschen Hinterland, aus Nordrhein-Westfalen und Schleswig-Holstein, aus Düsseldorf und mehr noch aus Hamburg. Die wenigsten reisen aus dem Ausland an.

Vielleicht, fällt einem während der Rückfahrt zum Festland über den Hindenburgdamm ein, stand am Anfang eine spezifisch deutsche Sehnsucht, ein deutscher Traum: sich selber zu zeigen, dass man ohne die Wärme südlicher Meere auskommt, dass man gegen den Wind radeln kann, sich von Wolkengrau nicht die gute Laune nehmen lässt. Heute gibt es diesen Traum unter Sylt-Gästen sicherlich noch immer, aber die Freude am komfortablen Leben auch. Die Sylter tun einiges dafür, dass es ihren Gästen nicht daran mangelt.

DIE BESTE KULINARISCHE ADRESSE SYLTS

Es ist eines der traditionsreichsten Hotels der Insel (gegründet 1867) und seit dem Erweiterungsbau des Jahres 2005 zugleich auch eines der neuesten, mit schönstem, von keinem Deich verstelltem Ausblick auf Yachthafen und Wattenmeer: das Fährhaus Sylt am ehemaligen Hafenort Munkmarsch, in dezentem Luxus ausgestattet. Mit einem Michelin-Stern und vielen anderen Auszeichnungen ist es auch die beste kulinarische Adresse Sylts. Wunderschöne Frühstücksterrasse im viktorianischen Stil!

Hotel und Restaurant Fährhaus
Heefwai 1, 25980 Sylt-Ost/Munkmarsch
Tel. 04651/93970, Fax 939710
www.faehrhaus-sylt.de

WEITERE INFORMATIONEN ZU SYLT

Sylt Marketing GmbH
Tel. 04651/82020, Fax 820222
Websites: www.sylt.de, www.kampen.de, www.syltshuttle.de, www.flughafen.sylt.de

Mitte: Ländliche Idylle bei Bosau, dessen alte Kirche einen kostbaren Schnitzaltar birgt.
Unten: Weiter östlich, am Rande des Naturparks Holsteinische Schweiz, zeigt Bockholt reizvolle Türen.
Rechte Seite oben: Am Großen Plöner See – rundum liegen rund 200 kleinere Seen. Rechte Seite, rechts: Schloss Eutin.

2 Eutin verwöhnt im Dreieck seiner Seen

Rosen, Poeten und ein Schloss

In einem Naturpark wohnt gern, wer den großen Städten zumindest zeitweise entkommen möchte. Eutin, etwa halbwegs zwischen Lübeck und Kiel, war einst ein Residenzstädtchen aus den Zeiten der Duodezfürstentümer, als die Deutschlandkarte mit lauter Kleinststaaten bunt gesprenkelt war. Jetzt ist Eutin ein immer noch überschaubares Städtchen um einen vergleichsweise fast schon riesigen Marktplatz. Keine Schnellstraßen, kein Hochhaus, dafür unzählige Rosenbüsche – und nirgends ist es weit zu einem der drei benachbarten Seen. Das sind: der Große Eutiner See, dessen Wellen gar bis an den Schlosspark laufen, der Kleine Eutiner See im Südwesten und der Kellersee im Norden. Alles ist ganz in die grüne Wald-, Felder- und Seenlandschaft der Holsteinischen Schweiz gebettet.

Ob in Holstein, in der Mark, in Sachsen – überall, wo sich aus rundum ebenem Gelände ein paar Höhen abheben, hatten die Anwohner in der Frühzeit des Tourismus ihre Freude daran, die Heimat mit dem Namen der Schweiz zu schmücken. Auch wenn die Alpengipfel der Eidgenossen zehn- bis zwanzigmal höher aufragen. Im brettflachen, meerumschlungenen Schleswig-Holstein imponiert ein 168 Meter hoher Bungsberg über den sanften Höhenwellen eiszeitlicher Moränen natürlich besonders. Den Eiszeitgletschern ist auch der holsteinische Seenreichtum zu verdanken. Umso angenehmer, weil ohne heftige Steigungen, lässt es sich in den Wäldern um Eutin wandern und radeln. Die beiden Europäischen Fernwege E1 und E6, von Schleswig bzw. von Dänemark kommend, queren die Holsteinische Schweiz südostwärts, auch die Deutsche Ferienstraße Alpen-Ostsee. Sehenswertes genug findet sich im nahen Umkreis: der Große Plöner See, kostbare alte Kirchen in Bosau und im ehemaligen Benediktinerinnenkloster Preetz, auf der Insel Bordesholm im Eiderstedter See der anrührende Bordesholmer Schnitzaltar, ein Meisterwerk der

Spätgotik. Noch mehr Zeugnisse christlicher Frömmigkeit im Mittelalter sind aufzufinden. Dann gibt es noch eine Glasbläserei in Malente und einen Kanuverleih für Sommerstunden auf den Seen. Das Meer ist nicht weit, bei Sierksdorf, Scharbeutz und Timmendorfer Strand.

Vom historischen Stellenwert Eutins zeugt der starke Vierflügelbau des Schlosses, dem seine frühere Rolle als wehrhafte Burg der Lübecker Bischöfe – seit etwa 1270 – noch deutlich anzusehen ist. Der Bau spiegelt norddeutsche Landesgeschichte: Im späten 16. Jahrhundert wurde der Gottorfer Herzog zum Bischof von Lübeck gewählt. Umbauten und ein Brand folgten, bis im 18. Jahrhundert die Herzöge Schloss und Garten prächtig barockisierten und den Park zum Englischen Landschaftsgarten gestalten ließen. Gottorfer avancierten zum König von Schweden, zum Zaren von Russland. 1773 wurden die Fürstbischöfe Herzöge, später Großherzöge von Oldenburg. Großformatig schauen die Herrscherporträts auf die Schlossbesucher und ihre Filzpantoffeln herab, die den Roten, den Blauen, den Gelben Salon durchwandern und Schiffsmodelle, Scherenschnitte, Gobelins in Augenschein nehmen.

Unter den wiederhergestellten Stuckdecken hausten allerdings ausgebombte Hamburger Familien noch jahrelang in Notquartieren, friedlicher Kontrast der Schlossnutzung: Seit 1992 trägt die »Stiftung Schloss Eutin« die Verantwortung und lässt sich für ihr gerade wieder frisch restauriertes Bauwerk originelle Angebote einfallen, beispielsweise Kindergeburtstage im Schloss mit Kostümierung und Kaffeetafel, Malen, Musik und Tanz. Eutin erinnert als Musik- und Festspielstadt – seit 1951 – an Carl Maria von Weber, dessen Geburtshaus (Lübeckerstraße 48) erhalten ist.

Unter Freunden der Literatur und der Antike wird das Haus Gottorf vor allem geschätzt, weil es Johann Heinrich Voss 1782 als Schulrektor berief, ein Amt, das dem Poeten Zeit ließ für seine Übersetzungen der Odyssee und Ilias. Zwanzig Jahre blieb Voss (1751–1826) in Eutin, sein Haus ist heute ein Hotel. Homer kam über Eutin nach Deutschland.

AM EUTINER SEE

Dem Schloss und Schlosspark benachbart, fast direkt am Großen Eutiner See liegt das historische Voss Haus, mit dem Restaurant »Da Vinci«, Gartenterrasse und modern ausgestatteten Zimmern.

Voss Haus Eutin
Vossplatz 6, 23701 Eutin
Tel. 0 45 21/4 01 60, Fax 40 16 20
www.vosshauseutin.de

WEITERE INFORMATIONEN ZU EUTIN

Tourist-Info Eutin
Tel. 0 45 21/7 09 70, Fax 70 97 20
Website: www.eutin-tourismus.de

Mitte: An den steileren Hängen des Süllbergs erlebt man Blankenese auf schmalen Stiegen.
Unten: Ausschau halten von der überaus traditionsreichen Süllberg-Restaurantterrasse. Rechte Seite oben: Blankeneser Landhäuser und Waldgassen. Rechte Seite unten: Die Elbe stromauf am Anleger Teufelsbrück, mit »Café Engel«.

3 Hamburgs Bestes

Blankenese und Elbchaussee

Ein Hauch von Mittelmeer rührt einen über dem Elbufer an, Erinnerungen an Santorin oder Taormina oder andere südliche Treppenstädte. Wo sonst geht's in Deutschland immerfort treppauf treppab? Blankenese, der alte Kern dieses noblen Elbvororts der Hansestadt Hamburg, schmiegt sich mit zahllosen Stufen in die amphitheatralisch gerundete Bergflanke. Kaum zu glauben, wie viele Häuser, klein und groß, an den Hängen und Steilhängen ihren Platz gefunden haben.

Individualistisch ist die Bauweise, Reetdächer und Fachwerk koexistieren mit Gründerzeitdekor, mit weiß gekalktem Backstein oder mit Bungalows aus Stahl und Glas. Liebenswürdig anzusehen ist das stilbunte Ambiente dank der Liebe zum Gartengrün auch auf schmalstem Gelände. Die Natursteine der Treppenstufen, auch sie jeder ein Unikat, sind ein Rest von Dörflichkeit.

Gemeinsam war und ist wohl allen Bauherren das Verlangen nach dem Ausblick auf den Elbstrom. Auf dem segelten einst Koggen und Karavellen, Klipper und Fregatten stromauf zum Hamburger Hafen. Heute sind haushoch bepackte Containerschiffe und Tanker unterwegs, auch immer Sportsegler; selbst größte Kreuzfahrtschiffe wie die »Queen Mary II« haben für einen Hamburg-Besuch noch genug Wasser unterm Kiel. Kein Wunder, dass pensionierte Fahrensleute sich seit je gern einen Altensitz über dem Elbufer sicherten.

Früher war Blankenese vor allem Fischerquartier. Heimathistoriker erzählen von der Zeit, in der das holsteinische und Lauenburger Land um Hamburg der dänischen Krone zugehörte (bis zum deutsch-dänischen Krieg von 1864) und Blankenese der Standort der in weitem Umkreis größten Fischereiflotte war. Die Blankeneser Reeder verfügten im 19. Jahrhundert zudem über eine Flotte von Schnellseglern, die als »Fruchtjager« aus mediterranen Häfen vor dem Winterende Apfelsinen nach Hamburg brachten. Einen eigenen Hafen hatten die Blankeneser damals freilich nicht, da sind die Segelclubs heute mit ihren sicheren Liegeplätzen besser dran.

Prächtig: das hanseatische Parkgrün

Natürlich ist ein Ort von so exquisiter Lage längst »fein« geworden. Nicht zufällig gehörte Blankenese in wilhelmi-

L 169

Oben: Im Umkreis der Elbchaussee: das Jenischhaus und der Jenischpark.
Mitte: Adretter Eisverkäufer.
Unten: Stadtverkehr auf dem Wasser reicht in Hamburg von der Elbe bis in die Alster. Rechte Seite: Schmuckes Blankenese, Fischer- und Kapitänshäuser hinter weiß gestrichenen Zäunen und Elbblick, so viel man nur haben kann.

nischer Zeit zu den Orten, die früh – 1887 – ein eigenes Telefonnetz hatten. Schon zwanzig Jahre früher bekam Blankenese einen Bahnanschluss. Markante Daten der Ortsgeschichte im 20. Jahrhundert wurden die Jahre 1927 mit der Zugehörigkeit zu Altona und 1937 mit der Eingemeindung nach Hamburg.

Herrenhäuser und Palais wuchsen um den Süllberg-Gipfel am Rande des Blankeneser »Amphitheaters«, zugleich entstanden die ersten der bis heute bewundernswerten Parks im »Blankeneser Oberland«. So eng an den Hängen zur Elbe mancher Nachbar zum Nachbarn gebaut hat, so großzügig breitet sich um die herrschaftlichen Villen der hanseatischen Kaufleute das Parkgrün, besetzt mit prächtigen alten Bäumen, aus.

Auch wenn heute alteingesessene Blankeneser über häufige Teilungen und Mehrfachbebauung der einstigen Groß-Grundstücke klagen, prägt der gepflegt herrschaftliche Stil noch etliche Straßenzüge um den Süllberg. Blankenese kann unangefochten weiterhin als Hamburgs schönster Vorort gelten. Dem Süllberg-Gipfel, 75 Meter hoch über dem Elbufer, hat freilich jüngst der Luxusanspruch ein neues Gesicht verpasst, eine kosmetische Operation auf Kosten der heiter geselligen Gastlichkeit an diesem historischen Ort. 1837 hatte dort ein Blankeneser Wirt eine Milchstation und bald darauf eine Gaststätte gegründet. Die »Süllbergterrassen« wurden ein allseits beliebtes Ausflugsziel, in den Sälen feierten Generationen ihre Feste, und jeder Blankenese-Besucher wollte einmal von dort oben den Ausblick auf die Elbe genießen. Das steht einem auch heute frei, nur besetzt den Gipfel jetzt ein Edelhotel »mit allem nur möglichen Komfort« samt Gourmetrestaurant und »Private Dining-Bereich«, Ballsaal und »Tagungsbereich«. Schon zu edel für die meisten Blankeneser Bürger. Über 150 Jahre, so steht's im Baedeker, »achtete man darauf, in den Süllbergterrassen alles im ursprünglichen Stil zu lassen und sich bei Renovierungen an die alten Vorlagen zu halten «.

Umso dankenswerter ist die Erhaltung einst privater Parks, die für jedermann geöffnet wurden, wie der Hirschpark mit seiner Orchideenpracht, Baurs und Goßlers Park. Zwischen Oberland und Elbufer rahmen noch immer Waldhänge die Blankeneser Treppenstadt, ideal für stille Spaziergänge. Wer sich auskennt, findet westlich am Waseberg zum »Römischen Garten«, wieder ein italienisches Ambiente über der Elbe: ein kleines Freilichttheaterrund, von Hecken gesäumte Rasenfläche und sommers leuchten Malven und Gladiolen.

Deutschlands reichste Straße

Blankenese ist übrigens mit Groß-Hamburg zusammengewachsen, für den Besucher von auswärts sind die Ortsgrenzen unsichtbar geworden, er ist auf die Ausschilderung oder seinen Satelliten-Scout im Wagen angewiesen. Mit einer für Hamburg-Liebhaber wichtigen Ausnahme: der Elbchaussee. Die führt direkt von Blankenese nach Altona. Die schönste Straße Deutschlands hat man sie genannt, als einer der ersten der

Dichter Detlev von Liliencron. Zu seiner Lebenszeit waren Autos noch rar, heute fließt der Autostrom über die rund fünf Kilometer lange Avenue auf dem an die 40 Meter hohen Geestrücken fast ebenso unaufhörlich wie drunten der Elbstrom.

Die wohlbetuchten Anwohner lassen die Hecken immer höher und dichter wachsen, begreiflicherweise. Fußgängern und Wanderern empfehlen sich ungleich genussreicher der Elbuferweg und der Elbhöhenweg. Der Blick von der elbzugewandten Seite der Elbchaussee zum Strom und zum Marschland ist immer noch grandios, wenn um Finkenwerder auch mehr und mehr Industriereviere statt Obstbäume blühen, jüngst entstand dort der Airbus 380.

Nobel erinnert an der »reichsten Straße Deutschlands« der Jenischpark in Klein Flottbek an den menschenfreundlichen Caspar Voght (1752–1839) und an den Bankier und Senator Martin Johan Jenisch (1793–1857). Voght, der »erste Gentleman Hamburgs«, reformierte die Armenhilfe, war Landwirt und Gartenkünstler und legte in Klein Flottbek bei Teufelsbrück auf riesigem Gelände ein Mustergut nach englischem Vorbild an. Erbenlos verkaufte Voght 1928 sein Gut an den jungen Jenisch, der einen beispielhaften englischen Landschaftsgarten (»Pleasureground«) anlegte. Seit 1939 ist der Jenischpark im Besitz der Stadt Hamburg, die klassizistische Villa wurde zum Museum großbürgerlicher Wohnkultur. Ein zweites, benachbartes Park-Museum stiftete Hermann F. Reemtsma für seine reiche Barlach-Sammlung und Sonderausstellungen. Jüngst arbeitet ein Parkpflegewerk der städtischen Umweltbehörde daran, das historische Bild der Parklandschaft wiederherzustellen. So wird Hamburg, wo es am schönsten ist, vielleicht doch immer noch schöner.

GEPFLEGTE SCHÖNHEIT

Eine weiße Jugendstil-Architektur, direkt am Strandweg gelegen, rund hundert Jahre alt, doch eine sehr gepflegte Schönheit, so empfiehlt sich das Strandhotel Blankenese mit seinen 16 Zimmern, freundlicher Gastlichkeit. Zum Badeurlaub taugt der Strand nicht, doch für Hochzeits und andere Sektrunden ist der schmale Kies- und Grünstreifen an der Elbe gut.

Strandhotel Blankenese
Strandweg 13, 22587 Hamburg
Tel. 0 40/8 66 23 00, Fax 86 49 36
www.strand-hotel.de

WEITERE INFORMATIONEN ZU HAMBURG-BLANKENESE / ELBCHAUSSEE

Tourist Information im Hauptbahnhof
Tel. Hamburg-Hotline 0 40/30 05 13 00
Website: www.hamburg-tourismus.de

4 Hamburgs neueste Vision

Mitte: Die Speicherstadt, hier am Kehrwiederfleet.
Unten: Ein Stück Seefahrtsgeschichte machte die Reederei Rickmer Rickmers.
Rechte Seite: Das Brooktorkai im Abendlicht fast menschenleer, künftig als Teil der »HafenCity« wieder voll von neuem Leben, so sehen die Planer die Zukunft der Speicherviertel.

Um die Speicherstadt wächst die »HafenCity«

»Hamburg lebt nicht länger mit dem Rücken zur Elbe«, heißt das Motto. Hamburgs Innenstadt soll an die Elbe wachsen, dort soll eine neue »HafenCity« entstehen, von den Planern vollmundig als »Modell für die europäische Innenstadt des 21. Jahrhunderts« annonciert. Denn: einerseits gibt's ja keine andere Stadt weit und breit mit einer so opulenten maritimen Mitte wie Hamburg, dank Binnen-Alster mit ihren venezianischen Arkaden vis-à-vis vom Rathaus und Außen-Alster mit all ihrer Villen-Herrlichkeit. Zwischen Jungfernstieg und »Planten und Blomen«-Park ebenso wie um den Rathausmarkt und die Außenalster erstrecken sich die innerstädtischen Prestige-Areale. Da wird schöner gewohnt, schöner gearbeitet und nicht zuletzt auch schöner eingekauft.

Andererseits ist der Hamburger Hafen samt anrainenden Industriegeländen zwar hochpotenter Wirtschaftsfaktor und die Hafenrundfahrt Touristenpflicht, der Große-Freiheit-Zauber der St.Pauli-Etablissements aber längst stark nepp-verdächtig. Bei genauerem Hinsehen auch eher abgestanden, bis auf ein paar löbliche Ausnahmen von Musikkneipen sowie Varietés und volkstümlichen Theatern am Spielbudenplatz.

Und wo blieb die einst extrem dicht bebaute Altstadt und ihre »Gängeviertel« südlich vom Rathaus bis zum Hafen, um Katharinenkirche und St. Michaelis, den »Hamburger Michel«? Dieses Alt-Hamburg ist teils schon in den 1920er Jahren saniert, zu deutsch abgerissen und durch Neubauten ersetzt worden, dann aber in den Feuerstürmen des Bombenterrors verglüht, bis auf geringe gerettete Reste wie die Deichstraße (südlich vom Rödingsmarkt).

Als Ruinendenkmal haben die Hamburger den ausgebrannten Turm der Nikolaikirche bewahrt, nach Ulmer Münster und Kölner Dom der dritthöchste in Deutschland. Das Trümmer-Areal umher wurde nach praktischen Erfordernissen neu genutzt, städtebaulich nicht gerade ein Glücksfall: ohne starke Inspiration, glanzlos mit Tausenden von Büros

Brooks-
Brücke

14

Oben: In der neuen »HafenCity«: Café am InfoCenter. Mitte: Hafenbrücken in frischem Glanz. Unten: Alte Speicher für die Waren der Welt. Rechte Seite oben: Importware frisch aus dem »Teppichweber-Orient«. Rechts außen: Ein »Teeologe« oder »Tea-Taster«, mit seiner kritischen Zunge unentbehrlicher Mitarbeiter der hanseatischen Tee-Importeure.

belegt, durchschnitten von der vielspurigen Autoschneise der Ost-West-Straße. Erst in den neunziger Jahren nahm Hamburgs Regierung die Herausforderung an: Hamburgs Schönheit hinterm Rathaus nicht enden zu lassen, vielmehr die Innenstadt bis zum Hafen aufzuwerten und im Hafen selbst etwas Neues entstehen lassen. Die Distanz ist für Fußgänger gut zu bewältigen!

Ein Welthafen im Umbruch

Auch das ist eine Hamburger Spezialität: der Hafengeburtstag. Die Hamburger feiern den 7. Mai mit Schiffsparaden, weil Kaiser Barbarossa ihren Vorfahren anno 1189 den Gefallen tat, einen Freibrief zu unterschreiben, der die Zoll- und Abgabenfreiheit auf der Unterelbe garantierte. Nicht alle Historiker schwören auf die Echtheit der Urkunde. Aber der damals eben erst gegründete Hafen gedieh, mit beschleunigtem Tempo vor allem im 19. und 20. Jahrhundert.

Ein paar Zahlen: der Hafen nimmt heute eine Gesamtfläche von rund 75 Quadratkilometer ein, etwa zehn Prozent des Bundeslandes Hamburg. Jüngste Erweiterung ist der Containerhafen, für den das Dorf Altenwerder unter Protest der Bewohner geräumt werden musste. Je nach Tide (Gezeitenstand) können Schiffe mit Tiefgang bis zu 15 Metern den Hafen anlaufen, auf der Unterelbe von Lotsen und zwölf Radarstationen in die Fahrrinnen geleitet. Rund 11 000 Seeschiffe aus über 90 Staaten der Erde legen jährlich in Hamburg an. Für Containerschiffe ist Hamburg eine der weltweit wichtigsten und »schnellsten« Stationen (ein Tag Liegezeit kostet durchschnittlich 15 000 Euro). Die Gesamtzahl der direkt oder indirekt im Hafen Beschäftigten beträgt rund 140 000.

Doch gibt es im Hafengelände auch große Industriebrachen. Und reihenweise betagte Lager- und Kontorhäuser, die niemand mehr nutzen mag. Statt sie abzureißen, stellte Hamburg sie im Jahre 1991 zum Glück unter Denkmalschutz und hielt damit ihren kontinuierlichen Verfall auf.

Seither sind die neogotisch pittoresken, bis zu acht Stockwerk hohen Bauten eine Attraktion der Hafenrundfahrten. Und nicht nur der Hafenrundfahrten, sondern auch für Liebhaber ungewöhnlicher Museen: Am Sandtorkai »Spicys Gewürzmuseum« und in einem ehemaligen Teppichlager das »Afghanische Kunst- und Kulturmuseum«. An der Kornhausbrücke das »Deutsche Zollmuseum«, wo es kuriose Verstecke fürs zollpflichtige Gut aus allen Zeiten zu sehen gibt. Am Kehrwieder das »Miniatur Wunderland« mit der, wie es heißt, weltweit größten digital gesteuerten Modelleisenbahn. Im selben Haus auch »Hamburg Dungeon«, Stadtgeschichte im Grusel-Themenpark, wo Störtebecker enthauptet, Hamburg von der Pest heimgesucht und zum Opfer des Großen Brandes von 1842 wird. Am Wandrahm dann noch der »Dialog im Dunkeln«, eine Ausstellung, die nicht mit den Augen, sondern mit Tast-, Hör- und Geruchssinn aufgenommen wird, unter der Assistenz von Blinden und Sehbehinderten.

Wo das Herz der »HafenCity« schlagen soll

»Ein bisschen Phantasie braucht man noch«, räumen die Macher der »HafenCity« angesichts der ersten Baustellen ein. Ihrem »Masterplan« stimmte die Bürgerschaft im Jahr 2000 zu, vorangegangen war ein »interdisziplinär angelegter Ideenfindungsprozess«, dann ein internationaler städtebaulicher Wettbewerb. Alles notwendige Voraussetzungen, wenn man die Bürger der Stadt gewinnen will und Investoren unentbehrlich sind.

Am Sandtorkai zeigt das gutbesuchte »HafenCity InfoCenter« im historischen Kesselhaus am Modell schon die geplante 155-Hektar-Ausdehnung und Planungsschwerpunkte. 155 Hektar: dagegen war der Fläche nach der Wiederaufbau des Potsdamer Platzes in Berlin eine Bagatelle. Eine U-Bahn-Verbindung mit dem Hauptbahnhof soll hergestellt werden, bereits 2001 wurde der erste Spatenstich für hochwassersichere doppelstöckige Brücken am Kibbelsteg gefeiert. Dank einer mehrstelligen Millionenstiftung ist der Bau einer neuen Philharmonie gesichert – nach aktuellem Planungsstand wird sie auf dem Dach eines wuchtigen Kaispeichers platziert. Ein temporäres Kreuzfahrtterminal ist bereits in Betrieb.

Künftig soll die »HafenCity« Arbeitsplätze und Wohnungen, Freizeitangebote im Allgemeinen und Kulturstätten im Besonderen bieten, für Hamburger wie für ihre Gäste, deren Zahl man auf jährlich mindestens eine Million rechnet. Verheißen wird ihnen unter anderen hochrangigen Attraktionen das lang geplante »Internationale Schifffahrts- und Meeresmuseum« mit der legendären Sammlung Peter Tamm.

Weltoffenheit, wie es hamburgische Hanseatenhaltung seit vielen Generationen ist, soll den neuen Stadtteil »HafenCity« in jeglicher Weise prägen. Hamburgs Bürgerschaft erwartet sich für ihre »grüne Metropole am Wasser« Gewinn an Lebensqualität und internationale Attraktivität in der Konkurrenz um die besten Standorte. Das braucht Zeit: zwei Jahrzehnte könnten gerade ausreichen. Da wird man noch öfters auf die derzeit größte Baustelle Europas schauen.

HAMBURGS SCHÖNSTES TREPPENHAUS

Nicht weit vom Hauptbahnhof und – wie der Name Alsterblick schon sagt – mit Aussicht auf die Außenalster bis nach Harvestehude, bietet dieses »Boutique-Hotel« in einem rund hundertjährigen Gebäude guten Komfort (ausgezeichnet für »Hamburgs schönstes Treppenhaus«).

Hotel Alsterblick
Schwanenwik 30, 22087 Hamburg
Tel. 0 40/22 94 89 89, Fax 22 94 89 80
www.hotel-alsterblick.de

WEITERE INFORMATIONEN ZU HAMBURG-HAFENCITY

HafenCity InfoCenter
Tel. 0 40/36 90 17 99, Fax 36 90 18 16
Websites: www.hamburg-tourismus.de, www.HafenCity.info

Mitte: Ein Dorf, das Künstler anzog und von Künstlern geprägt wurde, hier ein Werk der »Großen Kunstschau«.
Unten: Das »Haus im Schluh«, von Heinrich Vogelers Frau gegründet.
Rechte Seite: An Worpswedes Straßen angeboten: vielerlei Kunst, aus den Anfängen des Künstlerdorfs und von heute hier wohnenden Künstlern.

5 Nach hundert Jahren: Künstlerdorf Worpswede

Vogeler, Paula M. und ihre Freunde

Ankommen und sich gleich heimisch fühlen. Weil die Häuser in allen Straßen von hohen Bäumen umstellt und mit viel Gartengrün umrahmt sind, weil der Ort lebendig, aber nicht laut ist. Und ein erwartungsvolles Wohlgefühl sich regt: welche Bilder, welche Werke werden wir sehen, von den Gründern der Künstlerkolonie um 1900, vielleicht auch von heutigen Kreativen in Worpswede?

Den Anfang in Heinrich Vogelers »Barkenhoff« zu machen, kann nicht falsch sein. Der Bremer Heinrich Vogeler (1872–1942) kam – wie zehn Jahre zuvor als Erster Fritz Mackensen – 1894 von der Kunstakademie ins abgelegene Dorf am Teufelsmoor, um sich von der urtümlichen Landschaft inspirieren zu lassen. Damals reiste man noch auf Sandwegen oder auf Moorkähnen an. Vogeler kaufte sich ein baufälliges Gehöft, machte es sich eigenhändig wohnlich und im Lauf der Jahre zur stattlichen Künstlerresidenz und Familienheimstatt, mit Terrasse, Freitreppe, Parkgelände und Pavillon – das ursprüngliche Bauernhaus war nicht wieder zu erkennen.

Im Barkenhoff verkehrten unter vielen anderen der noch wenig bekannte junge Rilke, der in Worpswede mit der Malerin Clara Westhoff eine dann nur kurze Ehe einging, und Paula Becker (1876–1907) aus Dresden, die den Maler Otto Modersohn heiratete. Wer den 2004 glanzvoll renovierten Barkenhoff besucht, kann eine filmische Biographie Vogelers sehen, an der sein erst jüngst verstorbener Sohn Professor Jan Jürgen Vogeler mitgearbeitet hat. Sehr anschaulich wird der rasche Aufstieg der 1889 gegründeten Worpsweder Künstlerkolonie. Schon 1895 brachte eine gemeinsame Ausstellung im Münchner Glaspalast weite Resonanz und Aufträge.

Fulminante Karriere, Wende zum Kommunismus

Vogeler war der vielfältig Kreative, er malte Landschaften und Porträts, vom Symbolismus zum Jugendstil wechselnd, war erfolgreich als Architekt und Innenarchitekt, als Designer von Möbeln, Porzellan, Teppichen und bald als einer der führenden Buchkünstler. Für den Insel

Reise Art

Oben: Das Teufelsmoor ist nicht mehr unheimlich und lockt zu Ausflügen.
Mitte: Landhausstil, unverfälscht.
Unten: Begegnung in der »Großen Kunstschau«.
Rechte Seite unten: Eine Landschaft voll einprägsamer Naturbilder.

Verlag gestaltete und illustrierte er arabeskenreiche Buchwerke, die bis heute bezaubern. Seit dem Weltkrieg 1914/18 drängte es Vogeler zu sozialer Aktivität, er gründete auf dem Barkenhoff eine Kommune, übergab sein Haus dann der »Roten Hilfe« als Erholungsheim für Kinder politisch Verfolgter, reiste in die junge Sowjetunion, entwarf politische Plakate und siedelte 1931 mit seiner zweiten Frau nach Moskau über. 1941 nach Kasachstan evakuiert, starb er dort total verarmt. In der Ausstellung seiner Werke im Barkenhoff findet man auch die agitatorisch-expressionistische Malerei seiner Jahre im Sowjetkommunismus.

Die »große Einfachheit«

Auch den Spuren anderer Künstler aus der Frühphase der Künstlerkolonie kann man in Worpswede folgen. Die bedeutendste künstlerische Kraft war Paula Modersohn-Becker, die mit ihrem Mann in den kleinen Stuben des Modersohn-Hauses an der Hembergstraße lebte, von 1897 – mit Ausnahme mehrerer Parisaufenthalte – bis zum frühen Tod nach der Geburt ihrer Tochter. Sie suchte in ihren Porträts und Stillleben die »große Einfachheit« der Form. Aus ihrem Tagebuch: »Ich fühle mich so gottgesegnet. Ist es nicht ein Geschenk, diese Herrlichkeiten alle so empfinden zu können? … Unermüdlich will ich danach streben mit allen meinen Kräften. Auf dass ich einst etwas schaffe, in dem meine Seele liegt. … Gott sage ich und meine den Geist, der die Natur durchströmt, dessen auch ich ein winziger Teil bin.« (24. Januar 1899)

Ein Künstlerdorf, ein Museumsdorf

Das private »Museum am Modersohn-Haus« zeigt seit 1994 die Kunstsammlung Bernhard Kaufmann, darin auch 15 Gemälde von Paula Modersohn-Becker. Der malerische Nachlass von Otto Modersohn ist nicht in Worpswede, sondern in Fischerhude ausgestellt, etwa 15 km südöstlich, im privaten Otto-Modersohn-Museum in einem Fachwerkhaus.

Worpswede erwandernd, trifft man auch auf das »Haus im Schluh«, das von Vogelers erster Frau Martha 1920 gegründet und in vierter Generation von der Familie geführt wird – zu besichtigen sind Vogeler-Werke und wechselnde Ausstellungen, zu erwerben Handweberei und Kunsthandwerk, zu bewohnen Pensionszimmer.

Und Worpswede kennt man nicht, bevor man Bernhard Hoetgers »Große Kunstschau« mit ihrer kreisrunden Haupthalle gesehen hat. Hoetger (1874–1949), der Schöpfer der expressiven Architektur der Böttcherstraße und darin auch des Paula-Modersohn-Becker-Hauses in Bremen, lebte schon zuvor in Worpswede, von 1919–33. Sein eigenwilliges »Café Worpswede«, gleich neben der »Großen Kunstschau«, hieß bei weniger toleranten Worpswedern freilich »Café Verrückt«. Hoetgers asiatisch-rundlicher »Bonze des Humors« am Waldweg zur »Großen Kunstschau« hat dafür nur ein Dauerlächeln.

Tagelang könnte man in Worpsweder Galerien, Kunst- und Kunsthandwerk-

Ateliers die Produktion der heutigen Künstlergeneration in Augenschein nehmen. Oder bei Worpsweder Künstlern seine eigenen Talente bei Kursen im Malen und Zeichnen, Töpfern und Bildhauerei erproben. Im »Atelierhaus Worpswede e.V.« arbeiten zum Beispiel professionelle Künstler mit Stipendien für drei, sechs, neun oder zwölf Monate, ohne Einschränkung der Nationalität und des Alters.

Und dann sind da noch die Reste des weithin trockengelegten Teufelsmoors: Schilf und Wollgras in Birkenbruchwäldern. Auf mehreren Wegen, über Bohlenstege und auf Radwanderwegen um Worpswede sind die naturgeschützten Moorbereiche zu erkunden, mit oder ohne Führung. Oder eine Torfkahnfahrt unter rotem Segel auf dem Flüsschen Hamme? Bis zu 16 Personen finden zwischen Mai und Anfang Oktober auf den Holzbänken Platz.

Wer einen ganzen Tag drangeben mag, fährt auf den zuerst 1909 gelegten Schienen mit dem »MoorExpress«-Triebwagenzug nach Stade an die Elbe, die Altstadt ist eine der schönsten und das Kunsthaus Stade zeigt u.a. Werke aus europäischen Künstlerkolonien.

Vorschlag zur Erholung: noch einmal zu Heinrich Vogeler, zu dem von ihm erbauten Jugendstil-Bahnhof Worpswede, dem einzigen, der von Vogelers Bahnhofsbauten für die Strecke Bremervörde-Osterholz überdauerte. Das Gebäude wurde renoviert statt abgerissen, heute ist es Restaurant und urige Kneipe, Treffpunkt und Szene für Live-Konzerte von Klassik bis Jazz, alles vom musischen Wirt Kai Holthoff arrangiert. Wandfarben und Tapeten wurden nach Vorlagen von 1911 restauriert, man sieht Vogeler-Radierungen und auch noch etwas vom historischen Fahrkartenschalter.

JUGENDSTIL ERLEBEN

Gleich dem Barkenhoff benachbart, blieb das Haus Buchenhof erhalten, in dem der Maler Hans am Ende (1864–1918) lebte – ein Jugendstilhaus mit vielen Antiquitäten und Originalbildern unmittelbar am Wald, mit Privatweg zur Ortsmitte. Hotel garni mit Sauna und Solarium im Gästehaus.

Hotel Buchenhof
Ostendorfer Straße 16, 27726 Worpswede
Tel. 047 92/9 33 90, Fax 93 39 29
www.hotel-buchenhof.de

WEITERE INFORMATIONEN ZU WORPSWEDE

Gästeinformation für Worpswede
Tel. 0 47 92/93 58 20, Fax 93 58 23
Websites: www.worpswede.de, www.barkenhoff-stiftung.de, www.kulturstiftung-ohz.de, www.artistsvillages.net

6 Altmark um Havelberg, Stendal, Tangermünde

Am ruhigen Strom der Elbe

Wo ein Strom noch ein Strom ist, mit Altwassern, Schlingen und Schleifen, wo die Städte klein und die höchsten Bauten die Kirchtürme sind – da ist die Altmark. Nördlich der Linie Braunschweig-Magdeburg, westlich der Havel, südlich der Elbe und östlich der Grenze zu Niedersachsen ist diese Region Sachsen-Anhalts und ihre reiche, ursprüngliche Schönheit zu erleben.

Weit und breit gibt's keine Stadt mit mehr als 50 000 Einwohnern – als hätten die Altmärker heute noch den Satz ihres berühmtesten Landsmanns im Ohr: »dass die großen Städte als Herde der Revolutionen vom Erdboden vertilgt werden müssten.« Otto von Bismarck, geboren in Schönhausen, sagte das nach der Revolution von 1848 im Vereinigten Landtag, damals einfacher Abgeordneter und noch lange nicht preußischer Minister, Ministerpräsident und Reichskanzler.

Statt Großstädten hat die einst wüst und blutig zwischen Deutschen und Slawen umkämpfte Altmark viel Naturlandschaft: den Naturpark Drömling, wo Fischotter und Brachvogel zu Hause sind, das Biosphärenreservat der Elbauen, das Wandergebiet Colbitz-Letzlinger Heide, das Europäische Vogelschutzgebiet am Flüsschen Milde, den Elbe-Havel-Winkel mit seinem Landschaftskontrast von Niederungen mit Feuchtwiesen und Schilfgürteln drunten und dem Höhenrücken der Kammernschen Berge droben. Auch Storchenland ist die Altmark!

Havelberg: Hansestadt auf Flussinsel

Dazu die Städte der Altmark, wir nennen hier nur drei: Die Stadt Havelberg thront auf ihrer Flussinsel, bietet einen weiten Ausblick über friedliche Landschaft und innere Einkehr im romanisch-gotischen Dom. Festungsstark ist sein Turmbau, dekorativ der Stufengiebel, von feierlicher Schönheit das hohe Mittelschiff und die steinerne Chorschranke mit ihren Skulpturen. Havelberg, die mittelalterliche Bischofs- und Hansestadt, erlebte noch um 1900 eine Glanzzeit der Havelschifffahrt, hatte mehrere Werften und einen Hafen für

Mitte: Eine Landschaft, die von Stille erfüllt ist: der Arendsee nordwestlich von Stendal.
Unten: Noch viel Platz für Fußgänger in Stendals ansehnlich renoviertem Zentrum.
Rechte Seite oben: Die Altmark abseits ihrer Städte: Felder und Wälder.
Unten: Das einstige Kloster Arendsee.

die Dampfschiffe, die zwischen Berlin und Hamburg verkehrten. Einmal im Jahr geht's heute noch rund in der Stadt: Über eine Viertelmillion Besucher, zieht der Havelberger Pferdemarkt an.

In Stendal – Hauptort der Altmark, auch ein Hauptort norddeutscher Backsteingotik – erwartet die Besucher auf dem Markt ein schnurrbärtiger Roland, mit hoch erhobenem Schwert und preußischem Adler fast acht Meter groß. Das Symbol städtischer Freiheit ist Deutschlands drittgrößtes, freilich eine Nachbildung: Den Riesenkerl aus Sandstein stürzte 1972 ein Sturm, eine Kopie wurde geschaffen und das altersmüde Original ins Museum gestellt. Sonst ist Stendals Altstadt echt, vom Kopfsteinpflaster und den kolossalen Torbauten bis zu den stattlichen Säuleneichen am Tangermünder Tor.

Begeisternd schöne Schauwand

Tangermünde an der Elbe, die hier nordwärts strömt, hat seinen Namen von dem weithin unbekannten Flüsschen Tanger. Die einstige Grenzfestung der Altmark gegen die Slawen war zeitweilig Residenz Kaiser Karls IV., wurde nach einem wüsten Stadtbrand anno 1617 wieder aufgebaut und zeigt bis heute eines der besterhaltenen märkischen Fachwerk-Stadtbilder, überragt vom Turm der Stephanskirche und dem Backstein-Bergfried »Kapitelturm« über dem Steilufer der Elbe.

Begeisternd schön ist die Schauwand des Rathauses mit ihrem kreisrunden, filigran durchbrochenen Steinornament. Drunten unterhalb der Burg, die Friedrich I., der erste Preußenkönig, um 1700 errichten ließ, tuckern Schleppkähne durch die große Stille um den Elbstrom. Jenseits breitet sich nach Westen das grüne, dünn besiedelte Land bis zur Colbitz-Letzlinger Heide.

Für Radler ist der Altmark-Rundkurs ausgelegt, auf fast 500 Kilometer (insgesamt bietet die Altmark 1500 Kilometer Radwanderwege). Die Elbe hat schöne Reviere für Ruderer und Kanuten!

WOHNEN WIE EIN KÖNIG

Günstig für die Erkundung der Altmark liegt das Hotel Schloss Schönfeld westlich von Stendal: mit großem Landschaftspark, Gartenterrasse und 14 Komfortzimmern, hervorragender Küche, musikalischen, literarischen und Tanz-Abenden sowie anderen Veranstaltungen. Erbaut im späten 19. Jahrhundert von der Familie Rundstedt, ist Schloss Schönfeld seit 2001 Hotel, geführt von den Brüdern Ingo und Falk Bassenge.

Hotel Schloss Schönfeld
Schönfelder Straße 1, 39599 Steinfeld
Tel. 03 93 24/9 88 30, Fax 9 88 31
www.hotel-schloss-schoenfeld.de

WEITERE INFORMATIONEN ZUR ALTMARK UND STENDAL

Tourismusverband Altmark
Tel. 03 93 22/34 60, Fax 4 32 33
Tourist Information Havelberg
Tel. 03 93 87/7 90 91/1 94 33, Fax 7 90 92
Stendal-Information
Tel. 0 39 31/65 11 90, Fax 65 11 95
Prospekt »Schlösser und Herrenhäuser in der Altmark«
Websites: www.altmarktourismus.de, www.havelberg.de, www.stendal.de

Mitte: Ein Glück für die Darß-Landschaft, dass um Zingst lange Küstenstrecken unverbaut bleiben – dank dem Nationalpark! Unten: Schiffsfahrten gehören zum Darß-Urlaub.
Rechte Seite: Langer, weißheller Strand, und der Wanderweg auf den hohen, grün überwachsenen Dünen – besonders schön um Ahrenshoop.

7 Im Nationalpark Vorpommersche Boddenlandschaft

Land und Meer, Nehmen und Geben

Was ist ein Bodden? Das sind flache Buchten der Ostsee, die durch Halbinseln und Inseln vom offenen Meer abgetrennt sind. Durch küstendynamische Prozesse können sie aber entweder zu Neuland werden oder das Meer kann sie zurücknehmen. Klingt interessant? Die Bodden der Ostseeküste sind auch einzigartige Kaltwasserlagunen und liegen Naturschützern als »wertvollste Kinderstuben der Ostseefische« am Herzen.

Als amphibischer Lebensraum, wo man nicht so genau weiß, wo das Land aufhört und das Meer beginnt, sind die Bodden auch bei Hunderttausenden von Zugvögeln beliebt. Nirgendwo in Mitteleuropa zählt man so viele Kraniche wie im 1990 gegründeten Nationalpark Vorpommersche Boddenlandschaft, nämlich zur Vogelzugzeit 80 000.

Über 805 Quadratkilometer erstreckt sich der Nationalpark, von Kap Arkona auf Rügen bis zur Halbinsel Darß/Zingst, also fast bis Fischland und Ahrenshoop. Doch nur etwa 15 Prozent sind Landflächen auf Inseln und Halbinseln, alles übrige sind Wasserflächen und Unterwasserbiotope der Ostsee. Die Landflächen wiederum sind etwa zur Hälfte Wald, zu je einem Viertel einerseits Grünland, andererseits Strände, Dünen und Röhricht. Wichtig: die Ortsgebiete und ihre nähere Umgebung – also die Urlauberziele Prerow und Zingst wie auch die Orte auf Hiddensee – sind aus dem Nationalpark herausgenommen. Denn ein Nationalpark ist wie ein großes Naturschutzgebiet: zugänglich für Besucher, aber nicht etwa als Bauland für Hotels und Pensionen nutzbar. Die Boddenlandschaft von Hiddensee bis zum Darß ist in zwei Schutzzonen geteilt: Schutzzone I ist von wirtschaftlicher Nutzung weitgehend frei, in der Schutzzone II wird eine »extensive Nutzung als naturverträgliche Erholungs- und Wirtschaftszone« geduldet.

Eins der lieblichsten Eilande

»Hiddensee ist eins der lieblichsten Eilande, nur stille, still, dass es nicht etwa ein Weltbad werde!«, notierte der Dichter Gerhart Hauptmann 1899. Die

Oben: Die beiden mehr stämmigen als schlanken Leuchttürme stehen auf Kap Arkona, der Nordspitze Rügens.
Mitte: Wind genug für bunte Drachen!
Unten: Prerow ist ruhiger als Zingst – und hat das wichtige naturgeschichtliche Darß-Museum.
Rechte Seite: Bodden-Landschaft bei Zingst.

gertenschlanke Insel – 16,5 Kilometer lang und nur 125 bis 3750 Meter breit – liegt wie eine Schutzbarriere vor Rügens Westküste; nur der »Geller Haken«, die Südspitze, darf als Vogelschutzzone nicht betreten werden. Die Insel ohne Kurpromenade und Großhotels ist auch ein gutes Jahrhundert nach Gerhart Hauptmanns Stoßgebet kein Weltbad geworden. Der hochsommerliche Gästeansturm ist mächtig: über 64 000 kamen im August 2005. Eine andere Jahreszeit sucht sich also, wer die herbe Inselnatur in Ruhe erleben möchte, etwa in der ginster- und brombeerüberwachsenen Hügellandschaft des Dornbuschs nördlich von Kloster – allein mit dem Meer, den Wolken und dem Licht der Ostsee. Die Besucher drängen sich vor allem in den Ortschaften, in Vitte, in Kloster und Neuendorf. Die Dorfkirche in Kloster aus dem 14. Jahrhundert ist das älteste Bauwerk der Insel. Seit dem ausgehenden 19. Jahrhundert wurde Hiddensee zum Treff von Künstlern, Wissenschaftlern und Literaten, Thomas und Katia Mann, Albert Einstein, Sigmund Freud kamen. Im Tagebuch der Filmdiva Asta Nielsen wird die Inselstimmung von damals lebendig. Hauptmann, 19-mal auf Hiddensee, erwarb 1930 das »Haus Seedorn«, das heute Gedenkstätte ist. Auf dem Friedhof von Kloster findet sich sein Grab.

Zingst und Prerow: Radeln, Wandern, Baden

Auf Hiddensee gibt's keinen Autoverkehr, allenfalls die Müllabfuhr. Auf den Zingst/Darß und zu den mit zahllosen Zweit- und Ferienwohnungen bebauten Dörfern Zingst und Prerow kommt man mit seinem Wagen leicht über den Festlandsort Barth.

Doch dank eines rotweißen Schlagbaums bei Müggenburg bleibt der ganze Ostteil der Halbinsel samt der kilometerlangen Deichkrone dem Wander- und Radlerglück überlassen, auch die Waldwege sind »für das Befahren mit Kraftfahrzeugen durch Unbefugte gesperrt«. Für Vogelfreunde sind Beobachtungsstände eingerichtet, fürs Badevergnügen breitet sich pulverfeiner Sand am breiten Strand mit Grüngürtel. Weniger sportliche Gäste besetzen die Cafégärten oder buchen eine Seefahrt.

Prerow ist ruhiger als Zingst, der Darß-Wald viel größer als der um Müggenburg. Über die dramatische erdgeschichtliche Entwicklung des Darß informiert aufs Beste das Darß-Museum in Prerow. Insbesondere über die Küstendynamik: wie Landabtragung und Landwerdung am Darß zu beobachten sind, wie sich die Nordspitze der Halbinsel binnen 300 Jahren um 2,5 Kilometer vergrößert hat. Eine wichtige Aktivität in der 15-jährigen Geschichte des Nationalparks war auch der Abbau der Bunker- und anderer militärischer Anlagen aus dem Zweiten Weltkrieg auf Hiddensee. Illegale Ferienbungalows am Darß und eine Fabrik wurden abgerissen, der Zingst von Munitionsresten gesäubert. »Wir sind fasziniert vom Nationalpark – er ist einzigartig! So weite ausgedehnte Flächen – so etwas ist im Norden nicht mehr häufig zu finden! Wir kommen wieder!«, steht im Besucherbuch.

Künstlerkolonie und Ferienort: Ahrenshoop

Lieber kleiner, lieber feiner, sagt unser Wirt und steht damit in Ahrenshoop nicht allein. Lieber langsam wachsen, ökologisch achtsam bleiben, mit der erdgeschichtlich noch jungen Landschaft schonend umgehen, attestiert der Kurdirektor. Unzerstörte Natur und gesundes Klima sind vorrangige Reisemotive der Ahrenshoop-Gäste, und in anderen Orten des schmalen Fischlands sieht es ähnlich aus.

Rohrgedeckte Häuser (hier sagt man »Rohr«, nicht »Reet«) bestimmen noch das Ortsbild. Der Wechsel zwischen Steil- und Flachufern, Meer und Binnenwasser, die Wolken, Regenbogenfarben und das starke Meeresblau, das Violett der Dünenheide, das Rot des Dünengrases im Abendlicht, phantastische Sonnenuntergänge schaffen eine eigene Fischland-Atmosphäre.

Davon wurden die Maler angezogen, die – zur fast gleichen Zeit wie in Worpswede – hier eine Malerkolonie bildeten und 1909 den »Kunstkaten« als »Haus für heimische Kunst und Kunstgewerbe« eröffneten. Sie gründeten damit eine Tradition, die heute wieder sehr lebendig ist, mit einer Vielzahl von Galerien, Ausstellungen, Konzerten und Lesungen, auch alljährlichen attraktiven Kunstauktionen. Ahrenshoop strahlt Wohlstand aus, ohne jedem neuen Trend nachzulaufen und ohne das Ortsbild mit auftrumpfenden Neubauten zu zerstören. Zum weiterhin aktiven »Kunstkaten« sind noch mehr Ausstellungshäuser gekommen: das »Neue Kunsthaus Ahrenshoop« und die »Strandhalle«. Langlebig ist die »Bunte Stube« (seit 1922, mit Büchern, Kunsthandwerk, Ausstellungen), originell die »LGM-Klanggalerie«, deren Grundriss der Form des menschlichen Ohrs folgt. Dazu noch etliche Privatgalerien mehr! Und im Umkreis breitet sich schönste Natur aus zum Wandern, Radeln, Baden, unter anderem auch das Ahrenshooper Holz, ein ungestört wachsender Laubmischwald, rund 450 Jahre alt, mit Kaiserfarn, Brombeerdickichten und Stechpalmen – nur ein paar hundert Meter soll man hineingehen.

STRESS HAT HAUSVERBOT

Schönes, rohrgedecktes Haus an der Uferstraße, mit Blick auf Meer und Wald, der lange, breite Badestrand gleich über der Straße: das ist Der Fischländer – Weststrandhotel in Ahrenshoop, hochkomfortabel, mit Terrasse, exzellenter Küche und reichem Weinkeller, Cocktailbar Tommys »Tute«, vielen Sonderarrangements und der Regel: die Uhren gehen rückwärts und Stress hat Hausverbot.

Hotel Der Fischländer
Dorfstraße 47e, 18347 Ostseebad Ahrenshoop, Tel. 03 82 20/69 50, Fax 6 95 55
www.hotelderfischlaender.de

WEITERE INFORMATIONEN ZUR VORPOMMERSCHEN BODDENLANDSCHAFT

Nationalparksamt Vorpommersche Boddenlandschaft
Tel. 03 82 34/50 20, Fax 5 02 24
Kurverwaltung Ostseebad Ahrenshoop
Tel. 03 82 20/6 66 60, Fax 66 66 29
Kur- und Tourismusbetrieb Ostseebad Prerow
Tel. 03 82 33/61 00, Fax 6 10 20
Kur- und Tourismus GmbH Zingst
Tel. 03 82 32/8 15 80, Fax 8 15 50
Websites: www.auf-nach-mv.de, www.bodden-nationalpark.de, www.nationalpark-vorpommersche-boddenlandschaft.de, www.ostseebad-ahrenshoop.de, www.ostseebad-prerow.de, www.zingst.de www.kraniche.de

Mitte: Blick in Stralsunds Altstadt, wo Haus um Haus renoviert wird.
Unten: Die luftige Schmuckfassade des Rathauses am Alten Markt, ein Meisterwerk des Backsteinbaus.
Rechte Seite: Blick über die alte Hafenstadt mit den markanten Türmen der Nikolaikirche. Trotz aller Schäden gibt es viele Giebelhäuser.

8 Zum Staunen schön: Stralsund

Roter Backstein, Meeresblau, Rügenbrücke

Im Mai 2003, nahm Stralsunds Oberbürgermeister die Urkunde über den Welterbe-Status der »Historischen Altstädte Stralsunds und Wismar« entgegen. Einen Tag zuvor hatte der Präsident des Welterbekomitees der UNESCO eine gleiche Urkunde in Wismar übergeben, wo die Situation nach der Wiedervereinigung ähnlich katastrophal ausgesehen hatte. Eine enorme Arbeit des Aufbauens, Renovierens und Restaurierens war in den beiden Ostseestädten geleistet worden. Dies unter starker Beteiligung der Einwohner, die sich in Stralsund bereits 1991 in einem Verein Bürgerkomitee »Rettet die Altstadt« zusammengeschlossen hatten.

Wenn der Häuserbestand einer Stadt zu 36 Prozent gar nicht mehr nutzbar, zu 43 Prozent schwer beschädigt ist, sieht man die Stadt als Ruine vor sich. Der Restanteil der gering beschädigten Häuser mit 17 Prozent und der Häuser in gutem Zustand mit 4 Prozent, zusammen also 21 Prozent, war hoffnungslos klein. Genau diese Zahlen über Stralsunds Altstadt las man 1992 im Jahresbericht der »Stadterneuerungsgesellschaft Stralsund mbH«. Die Ursache: Vernachlässigung notwendiger Reparaturen, Benachteiligung der Hauseigentümer, akuter Mangel an Materialien, auch die Abwanderung aus der Altstadt in neue Plattenbauten. Heute ist Stralsund eine von elf Modellstädten der Stadterneuerung, die vom Bund und vom Land Mecklenburg-Vorpommern gefördert werden. Ohne die vielen Kraftakte der Altstadtsanierung wäre der Doppelantrag zur Welterbeliste vermutlich chancenlos geblieben.

Backsteinrot und Backsteingelb leuchten Stralsunds Fassaden, wenn es die Sonne gut meint (und das kommt statistisch noch etwas öfter vor als beispielsweise in München).

Prächtig zeigen sich die Stufengiebel, oft gegliedert mit steilen, ornamental gegliederten Arkadenöffnungen für die Fenster. Andere Giebel tragen spitze kleine Turmhauben, andere prangen mit barocken Giebelschwüngen. Massive Mittelalter-Erinnerungen sind die beiden letzten von ursprünglich zehn Stadttoren, das Kniepertor im Norden und das

Das gerettete Alte erhalten, am Hafen wieder ein lebendiges Viertel schaffen – in Stralsund ist viel getan worden, viel ist noch zu tun. Oben und Mitte: Blick auf die Nikolaikirche und Marktplatzarkaden. Unten: Zum »Meeresmuseum« kommt nächstens ein »Ozeaneum«. Rechte Seite: Giebelprunk am Alten Markt, mit Gotik-Spitzbögen und Barockschwüngen.

Wichtigste Argumente für den Welterbe-Status

Die Altstädte Stralsunds und Wismars »repräsentieren idealtypisch die entwickelte Hansestadt aus der Blütezeit des Städtebundes im 14. Jahrhundert. Beide Städte haben ihren mittelalterlichen Grundriss mit Straßennetz, Quartier und Parzellenstruktur bis heute bewahrt und legen Zeugnis für die Anlage von Seehandelsstädten nach Lübischem Recht ab. Die Bausubstanz, insbesondere die sechs herausragenden gotischen Backsteinkirchen, bezeugt die politische und wirtschaftliche Bedeutung sowie den außerordentlichen Reichtum der beiden Hansestädte im Mittelalter. Im 17. und 18. Jahrhundert wurden Stralsund und Wismar zu wichtigen Festungen und Verwaltungszentren für die deutschen Gebiete des schwedischen Königreichs ausgebaut. Auch Zeugnisse dieser Epoche lassen sich noch heute an vielen Punkten im Stadtbild beider Städte finden.«

Kütertor im Westen. Den großartigsten Architektur-Anblick bietet am Alten Markt das Rathaus mit seiner elegant spätgotischen, vielfach kunstvoll durchbrochenen Schaufassade, die flankiert wird von fast zwergenhaft anmutenden historischen Giebelhäusern und überragt von den mächtigen Backsteinquadern der Nikolaikirche – ein Ensemble, wie es so kein zweites in Deutschland gibt, zum Staunen schön.

Treffpunkt der Bürgerschaft: Sankt Nikolai

Nimmt man Architektur als Lebenszeugnis der Vorfahren-Generationen, so wird der Besuch der Nikolaikirche, Stralsunds ältester Pfarrkirche, zu einer intensiven Erfahrung. Erbaut wurde sie um 1300 nach dem Muster nordfranzösischer gotischer Kathedralen mit Chorumgang. Stralsund stand damals erst am Anfang seines Aufstiegs zu einem der wichtigsten Ostseehäfen, genoss aber bereits seit 1234 Lübecker Stadtrecht. Den zweiten Nikolaiturm leistete sich die Stadt erst im 14. Jahrhundert. Damals brachen die Hansestädte die Vorherrschaft Dänemarks, der »Frieden von Stralsund« wurde geschlossen. Von den beiden Nikolaiturmhelmen, die im Jahre 1662 bei einem Stadtbrand verloren gingen, wurde in den schwierigen Zeiten nach dem Dreißigjährigen Krieg nur noch einer mit einer Barockhaube ersetzt. Das ungleiche Turmpaar blieb eine Wahrzeichen Stralsunds bis heute.

In der Nikolaikirche wurde gebetet und Gottesdienst gehalten, aber die Stadtväter empfingen hier auch Gesandte, der Rat versammelte sich zu wichtigen Sitzungen und die »Bursprake« wurde verkündet, nämlich neue Gesetze und Verordnungen. An der Restaurierung nach dem Luftangriff im Oktober 1944, der ein Drittel der Altstadt und 40 Baudenkmale ganz oder teils zerstörte, wird in Sankt Nikolai noch immer gearbeitet. Doch Pfeiler, Wände und Kreuzgewölbe zeigen sich wieder in ihrer originalen, kräftigen Farbigkeit mit Blattornamenten und blauen und roten Bändern. Wie an

einem Lampenmast hängt ein moderner Kruzifixus, der gemarterte Körper als hagere Kreuzgestalt.

Kopfsteinpflaster und Vogelperspektive

Stralsunds Altstadt ist fußgängerfreundlich, die Entfernungen im Ring der teils noch erhaltenen Stadtmauer sind nicht groß, auch zum Hafengelände geht man rasch hinunter. Und es lohnt, die Stadt bei Tag und bei Nacht zu durchwandern, sommers und im Schnee (im breit gefächerten touristischen Angebot gibt es auch eine Laternenführung).

Oder Stralsund aus der Vogelperspektive, auf einem Rundflug erleben? Das lohnt mit Sicherheit, wenn man die annähernd dreieckige Stadtgestalt im Ring ihrer Wasserflächen wahrnimmt: nach Norden hin der Strelasund zwischen der Stadt und Rügen, zum Festland hin, das nur über vergleichsweise schmale Landbrücken erreicht wird, die schon im Mittelalter aufgestauten Teiche, der Knieperteich und der Frankenteich. Es ist noch die gleiche Stadtstruktur, wie sie die Siedler aus den alten Reichslanden in der Nachbarschaft eines slawischen Handelsplatzes anlegten. In ihrem Werk »Im Alten Reich. Lebensbilder deutscher Städte« sprach Ricarda Huch (1864–1947) von dem »allmählichen, traurigen, leidensvollen Zurückweichen der Schwächeren«.

Das neueste, zur Zeit größte deutsche Brückenbauwerk ist Stralsunds zweite Brücke nach Rügen – die erste reicht nicht mehr aus. Als ein groß dimensioniertes Museumsprojekt wird das »Ozeaneum« angekündigt, ein Meeresmuseum neuer Art, das am Hafen entsteht. Stralsund war in der DDR zusammen mit Rostock, Wismar und Wolgast ein hochproduktiver Schiffbauort (zehnter Platz im Lloyd-Register des Weltschiffbaus), davon blieb nach der Wiedervereinigung wenig, ebenso wie von der landwirtschaftlichen Produktion Mecklenburg-Vorpommerns. Stralsunds Einwohnerzahl sank seither um fast ein Siebtel (von knapp 60 000 leben etwa 40 00 in der Altstadt). Doch seit einigen Jahren ist es Mecklenburg-Vorpommern gelungen, in die Spitzengruppe deutscher Urlauberziele zu avancieren.

EINE VILLA IM GRÜNEN

Ein angenehmes Familienhotel garni (Restaurant im Nachbarhaus) ist das An den Bleichen inmitten von viel Gartengrün im ruhigen, altstadtnahen Villengelände, an einem Ausläufer des Stadtwalds. 23 Zimmer, attraktives Frühstücksbüffet, Gartenterrasse, auch Sauna und Solarium; Parkplätze auf dem Grundstück.

Hotel An den Bleichen
An den Bleichen 45, 18435 Stralsund
Tel. 0 38 31/39 06 75, 39 21 31, 39 21 10,
Fax 39 21 53, www.hotelandenbleichen.de

WEITERE INFORMATIONEN ZU STRALSUND

Tourismuszentrale der Hansestadt
Tel. 0 38 31/2 46 90, Fax 24 69 22
Websites: www.stralsundtourismus.de, www.stralsund.de, www.stralsund-

Mitte: Das Städtchen Waren an der nördlichsten Bucht der Müritz, der größte Ort in ihrem näheren Umkreis, hat mehrere alte Kirchen und das Müritz-Museum.
Unten: Segelsportler auf der Müritz.
Rechte Seite: Wunderschöner Nationalpark-Wald.

9 Die Müritz – und ein Nationalpark für Millionen

Der Größte im Land der tausend Seen

Weiträumige Wälder, schimmernde Seen, voran die Müritz – der zweitgrößte See Deutschlands, nach dem Bodensee respektive dem deutschen Anteil am Bodensee – dazu im Umland Wiesen und Äcker, dörfliche Siedlungen, Gehölze und mächtige Einzelbäume: das ist die noch und wieder wunderschöne Naturlandschaft im Süden Mecklenburg-Vorpommerns. Jahrzehntelang beanspruchte die sowjetrussische Armee große Flächen als militärisches Übungsgelände. Doch die Natur beweist bereits ihre Kraft der Selbstheilung.

Seit 1990 ist ein Großteil dieser Landschaft im »Nationalpark Müritz« unter Schutz gestellt. Trotz seines Namens ist die Müritz selbst jedoch nicht dem Nationalpark zugehörig, lediglich ein besonders schützenswerter, 500 Meter breiter Streifen mit dichtem Schilfgürtel am Ostufer des Sees. Doch seenreich ist auch das Nationalparkgelände. Spuren der letzten Eiszeit, deren Gletscherzungen und abtauende Schmelzwasser, die später von Seen angefüllten Vertiefungen im Boden hinterließen, finden sich in Deutschland mancherorts, beispielsweise in Schleswig-Holstein und im Alpenvorland. Doch nirgends Seen in solcher Vielzahl wie im südlichen Mecklenburg und im angrenzenden Brandenburg von der Uckermark bis zur Ruppiner Schweiz. Die über hundert Seen mit mehr als einem Hektar Fläche im Nationalpark machen einen Hauptreiz aus. Für Menschen wie für die Vögel, die hier ihre Brutgebiete finden und ihre Jagdbeute, wie die Fischadler (mit etwa 2o Brutpaaren) und der Seeadler (etwa 14 Brutpaare). Seine Horste legt der mächtige Vogel bis zu 2,40 Meter Spannweite! – gern auf Altkiefern an, die das Gewicht der bis zu 100 Kilogramm schweren Horste tragen können. Vogelfreunde, die bei ihrem Nationalparkbesuch keinen Seeadler zu Gesicht bekommen, können nahezu gewiss sein, heißt es, zumindest einen Eisvogel mit seinem prächtig oben türkisenen, unten rostroten Gefieder zu entdecken.

Etwa 60 Kranichpaare brüten im Nationalpark. Erlen- und Birken-Bruchwälder, feuchte Verlandungszonen sind dem Kranich als Brutplatz am liebsten, weil er

Oben: Am kleinen Hafen von Rechlin, ganz im Süden des Müritz-Sees.
Mitte: Fast grenzenlos weit scheint sich der See aus der Perspektive der Kanuten zu erstrecken.
Unten: Süßwasserfische aus der Müritz!
Rechte Seite oben: Schmuck hergerichtet: Fußgängerbereich in Waren.

ruhebedürftig ist, Schutz vor Wildschweinen, Füchsen und Menschen sucht. Ihre Nahrung suchen die Kraniche jedoch auf Feldern und Wiesenland, und wenn sie am Tagesende zu den Brut- und Schlafplätzen des Nationalparks zurückkehren, kann man ihr Rufen trompetenlaut unter dem Abendhimmel hören.

Westlich schließen sich an den Nationalpark drei noch größere Naturparks an, bis an den Schweriner See und bis fast an die Landeshauptstadt Schwerin. Östlich vom Hauptgebiet des Nationalparks Müritz umfasst ein vierter Naturpark die »Feldberger Seenlandschaft«, ein Nationalpark-Teilstück um Serrahn.

Den Urwald von morgen erkunden

Den großen Buchenwald von Serrahn ließ im 19. Jahrhundert der Großherzog von Mecklenburg-Strelitz als sein Jagdrevier einzäunen. Das hatte zur Folge, dass die Forstwirtschaft samt Holzentnahme stark eingeschränkt wurde. Im Jahr 1952 wurde dann der damals schon naturnahe Serrahn-Wald unter Schutz gestellt. Konsequent geschieht das unter der Nationalparkverwaltung: Die Natur soll sich nach ihren eigenen Gesetzen entwickeln können, der Mensch zieht sich – das ist ein Lieblingssatz der Betreuer im Nationalpark – »auf die Rolle des Beobachters und Bewunderers« zurück. So ist im ehemals großherzoglichen Jagdrevier von Serrahn bereits heute ein »Urwald von morgen« zu erleben.

Nationalpark in Zahlen

Wie groß ist der Nationalpark Müritz? Vergleicht man die Landflächen deutscher Nationalparks (also die Nationalparks im Wattenmeer und in der Boddenlandschaft ausgenommen), ist dieser der größte in Deutschland. Wer kann sich das vorstellen, wenn ihm der Nationalpark-Experte anvertraut, der Müritz-Nationalpark sei so groß wie 43 810 Fußballfelder? Nämlich 322 Quadratkilometer. Noch ein paar Zahlen mehr: Über zwei Drittel davon sind Wald, ein Achtel Seen, knapp ein Zehntel Moore, nur ein Zwanzigstel Wiesen und Weiden, nur ein Fünfzigstel Ackerland (aber das entspricht, weil der Park insgesamt so groß ist, immer noch gut sechs Quadratkilometern). Verglichen mit dem Nationalpark ist die namengebende Müritz mit ihren 117 Quadratkilometern nicht gar so riesig. Und auch diese Zahlen noch: 54 Säugetierarten, 214 Vogelarten, 625 Nachtschmetterlingsarten sind im Müritz-Nationalpark heimisch. Dazu noch eine reiche Pflanzenwelt, zum Beispiel mit 133 Moosarten, 593 Pilzarten.

Der Besucher hat die Wahl

Kanuten finden zwei Wasserwanderstrecken. Die eine folgt der Oberen Havel, die aus ihrem Quellgebiet bei Kratzeburg durch mehrere Seen fließt und am Großen Labussee endet. Die

zweite startet am Ostufer der Müritz und führt durch vielgestaltige Landschaft über den Woterfitzsee südwärts zum Mirower See. Kleine Streckenabschnitte sind nicht befahrbar, dort steht eine Lorenbahn oder ein Bootswagen für den Transport zur Verfügung.

An rund zehn Stellen kann man Boote ausleihen – und an den gleichen oder noch anderen die bei zahlreichen Nationalparkbesuchern überaus beliebten Fahrräder. Auch Busse sind durch den Nationalpark unterwegs, es gibt Reit- und Kutschwege – und natürlich Naturfreunde zu Fuß. Beobachtungstürme, der Natur-Erlebnis-Pfad von Zinow nach Serrahn, Dutzende thematischer Führungen sind Beispiele für den Service im Nationalpark. In Waren an der Nordspitze der Müritz entsteht das »Haus der Tausend Seen«, ein Besucherzentrum mit »Müritzeum«, dem Müritz-Museum. Jüngst wurden rund 750 000 Nationalparkbesucher binnen eines Jahres gezählt. Besonders intensive Arbeit und Zuwendung gilt der jungen Generation, Schulinteressengemeinschaften werden ins Leben gerufen, Kinderwettbewerbe im Malen und Zeichnen angeboten, Praktikantenstellen für Studenten eingerichtet.

Nicht zu vergessen: Möglich wurden dieser und andere Nationalparks in den neuen Bundesländern dank des Engagements von Umweltschützern in der DDR. Der Müritz-Nationalpark wurde am 12. September 1990 mit 13 anderen Schutzgebieten auf der letzten Sitzung des Ministerrats der DDR beschlossen, das Nationalpark-Programm dann in den Einigungsvertrag übernommen. Die führende Stimme war damals Prof. Dr. Michael Succow, 1990 stellvertretender Umweltminister in der letzten DDR-Regierung, seit 1992 Direktor des Botanischen Instituts und Botanischen Gartens der Universität Greifswald. Im Jahr 1997 wurde Michael Succow mit dem »Alternativen Nobelpreis« ausgezeichnet, mit der Preissumme gründete er die »Michael-Succow-Stiftung zum Schutz der Natur«.

MECKLENBURGISCHE GASTLICHKEIT

Man kann kaum schöner wohnen als im Schlosshotel Gutshof Ludorf (erbaut im 17. Jh.) östlich vom Städtchen Röbel, mit großem Gutspark und kurzem Weg zum Müritz-Ufer. Das Gutshaus hat 23 Gästezimmer, das Restaurant »Morizaner« mit frischer mecklenburgischer Küche, eine Gartenterrasse mit Biergarten und es bietet noch vielerlei mehr: Segeln, Kanufahren, ornithologische Expeditionen, Schlosskonzerte.

Schlosshotel Gutshof Ludorf
17207 Ludorf/Müritz
Tel. 3 99 31/84 00, Fax 8 46 20
www.gutshaus-ludorf.de

WEITERE INFORMATIONEN ZUM NATIONALPARK MÜRITZ

Nationalparkamt Müritz
Tel. 03 98 24/25 20, Fax 2 52 50
Websites: www.nationalpark-mueritz.de, www.nationalpark-service.de, www.mecklenburgische-Seenplatte.de (betr. Unterkünfte)

Mitte: Ländliche Natur um das Schloss des preußischen Kronprinzen.
Unten: Noch dörflich mutet Rheinsberg in mancher Straße an.
Rechte Seite: Kein barocker Prunkbau, doch stattlich und vor allem aufs Schönste direkt am Grienerick-See gelegen: Schloss Rheinsberg. So ließ es sich König Friedrich II. herrichten.

10 Rheinsberg, der See und das Schloss

Die glücklichsten Tage des Königs Friedrich II

Nicht viel mehr als 9000 Einwohner hat das Kleinstädtchen nördlich von Neuruppin im Brandenburger Land, doch kennt jedermann den Namen. Wer sich für Historie und den »alten Fritz« interessiert, weiß von den Jahren, die der Kronprinz dort heiter im Freundeskreis verbrachte, bevor er König von Preußen wurde. Wer Literatur liebt, kennt das Büchlein, mit dem Kurt Tucholsky berühmt wurde: »Rheinsberg. Ein Bilderbuch für Verliebte«. Kaum ist es zu glauben, dass eine so cool aufmüpfige und unverkrampft erotische Erzählung im prüden wilhelminischen Kaiserreich möglich war. Pech des Autors war nur, dass er die »Rheinsberg«-Rechte nach vielen Absagen von Verlegern für nur 125 Mark an den Verleger Axel Juncker verkaufte und beim unerwartet heftigen Erfolg finanziell leer ausging.

Gemeinsam ist dem jungen Friedrich, dem künftigen Preußenkönig, der ganze vier Jahre in Rheinsberg residierte, und Kurt Tucholsky, dem damals erst gerade 21-jährigen Jurastudenten, der mal rasch mit seiner Freundin Else Weil per Bahn für ein Wochenende von Berlin nach Rheinsberg reiste, dass sie Schloss, See und Park beide intensiv als einen Wohlfühlort erlebten.

Überaus schön ist die märkische Seenlandschaft ohnehin, aber mit Rheinsberg verbindet sich im Besonderen bis heute für jegliche Besucher diese Verheißung: jetzt kommen wir an einen Ort, wo wir es richtig schön haben werden! Das trifft dann auch ziemlich oft zu, wenn zur Seenrundfahrt die Sonne strahlt, der Parkspaziergang es nicht an schattigen Winkeln fehlen lässt und das Mahl auf einer Restaurantterrasse noch mit einem guten Tropfen veredelt wird.

Der Kronprinz, das Schloss und der König

Ein wichtiger Vorzug des Rheinsberger Schlosses ist die Lage unmittelbar am

Sommerliches um Schloss Rheinsberg. Oben: Unter den mächtigen Säulen mit ionischen Kapitellen bieten sich die Stufen für längere Palaver an.
Mitte: Und das Seeufer für eine Radler-Ruhepause. Unten: Und wer wird an der Pumpe am meisten Wasser abbekommen?

See, an der Stelle einer Wasserburg aus dem 16. Jahrhundert. Theodor Fontane berichtet bündig: »Das Schloss war in alten Tagen ein gotischer Bau mit Turm und Giebeldach. Erst zu Anfang des vorigen (= 18.) Jahrhunderts trat ein Schlossbau in französischem Geschmack an die Stelle der alten Gotik und nahm dreißig Jahre später unter Knobelsdorffs Leitung im Wesentlichen die Formen an, die er jetzt noch zeigt. Er besteht aus einem Mittelstück (corps de logis = Haupthaus) und zwei durch eine Kolonnade verbundenen Seitenflügeln. In Front der See.« (»Wanderungen durch die Mark Brandenburg«, Band 1, 1862).

Dass der Umbau unter Leitung von Friedrichs Architektenfreund Georg Wenzeslaus von Knobelsdorff (1699–1753) stattfand, wie Fontane mitteilt, war anfangs jedoch mitnichten ausgemacht. König und Kronprinz waren einander tief entfremdet. Mit seinem Freund Katte hatte Friedrich die Flucht aus dem väterlichen Machtbereich versucht. Der Plan war misslungen, Katte wurde verhaftet, zum Tode verurteilt und vor den Augen des gleichfalls verhafteten Kronprinzen mit dem Schwert hingerichtet. Friedrich selbst wurde von seinem Vater mit dem Stock blutig geprügelt und gleichfalls mit dem Tod bedroht, schließlich in der Festung Küstrin arrestiert. Erst Unterwerfung und strengster Gehorsam unter die Forderungen des Vaters, eidlich beschworen, öffneten Friedrich das Gefängnis. Erst als er wider seiner erklärten Absicht in die Ehe mit einer Braunschweiger Prinzessin einwilligte und sich in der Ruppiner Garnison als Offizier bewährt hatte, zeichnete sich eine – zumindest scheinbare – Versöhnung ab. Friedrich Wilhelm I. übereignete dem Sohn Schloss Rheinsberg, bestellte jedoch nicht Friedrichs Wunscharchitekten, sondern den Baumeister Johann Georg Kemmeter für die Umgestaltung.

Friedrich reagierte diplomatisch, schickte den Freund Knobelsdorff erst einmal zum Studium der Palladio-Bauten nach Italien und setzte ihn dann beim Vater doch als leitenden Architekten des Rheinsberg-Schlosses durch, im Jahr 1734. Einen spektakulären Akzent zum See hin setzte Knobelsdorff mit der doppelten ionischen Säulenkolonnade. Für den Kronprinzen eine praktische Verbindung zwischen seinem Bibliothekskabinett im Rundturm und dem Spiegelsaal für Konzerte im Nordflügel.

Die Rheinsberger Jahre Friedrichs mit dem Freund Knobelsdorff bereiteten für diesen die produktivste Zeit seines Lebens vor. Alsbald nach Friedrichs Regierungsantritt avancierte er zum Oberintendanten der Schlösser und Gärten. Er baute den neuen Flügel am Schloss Charlottenburg, das Opernhaus »Unter den Linden«, Sanssouci und noch mehr, starb aber schon 54-jährig.

»Die ernsten Beschäftigungen haben den Vorzug …«

Seit 1736 bis zum Tod Friedrich Wilhelms I. 1740 lebte Friedrich zumeist in Rheinsberg, zweifellos zeitweise von Bauaktivitäten gestört, aber nicht so oft von seiner Gemahlin: Elisabeth Christine

hatte ihre eigene Wohnung, separat von der ihres Gatten, der nur in Rheinsberg mit ihr unter einem Dach wohnte. Sie hatten keine Kinder, und als Friedrich König wurde, verbannte er Elisabeth Christine aus seiner Nähe.

Friedrich wandte sich der Musik, der Literatur, der Staatsphilosophie zu. Der preußische Hofmaler Antoine Pesne aus Paris (1683–1757), ein Meister galanter Porträts und graziöser Tanzszenen, sorgte für die künstlerische Ausgestaltung des modernisierten Schlosses. Sein berühmtestes Rheinsberg-Werk wurde das große Deckengemälde im Konzertsaal, 1739 geschaffen. Nach einem antiken Motiv des Ovid stellt es die aufgehende Sonne dar, deren Strahlen die Finsternis vertreiben. Manche Besucher, so hat Fontane notiert, legten das Gemälde anders aus: »Der junge Leuchteprinz verdrängt den König Griesegram.«

Der Leuchteprinz war sich seiner künftigen Aufgabe sehr bewusst, wollte jede Stunde in Rheinsberg nutzen: »Wir haben unsere Beschäftigungen in zwei Klassen geteilt; erstens die nützlichen und zweitens die angenehmen. Unter die nützlichen rechne ich das Studium der Philosophie, der Geschichte und der Sprachen. Die angenehmen sind Musik, Lust- und Trauerspiele, die wir selbst aufführen … Die ernsten Beschäftigungen haben indes den Vorzug vor den anderen, und ich wage zu behaupten, dass wir von den Vergnügungen nur einen maßvollen Gebrauch machen.«

In Rheinsberg schreibt Friedrich das Manifest »Anti-Macchiavell«, mit dem er sich als Protagonist eines aufgeklärten Absolutismus bekennt, als »erster Diener des Staates«. Auch beginnt er den Briefwechsel mit dem französischen Philosophen Voltaire, den er als König sogleich nach Berlin einladen wird.

Ebenso wie die meisten Gemächer mit ihrem Stuck, den Öfen, goldenen Putten wiederhergestellt worden sind (in den DDR-Jahren war ein Sanatorium in den historischen Räumen untergebracht), so ist auch der historische Park mit Grotte und Obelisk, Marmorfiguren und Orangerie-Pavillon zu genießen.

Zu recht ist Kurt Tucholsky, der Meister des scharfen Witzes, der Satiriker, der Pazifist und Kritiker im Schloss mit Museum und Gedenkstätte präsent.

WEITERE INFORMATIONEN ZU RHEINSBERG

Verkehrsverein Rheinsberger Seenkette e.V.
Tel. 03 39 31/20 59, Fax 3 47 04
Websites: www.ruppin.de/Rheinsberg

Mitte: Friderizianische Wasserkünste im Park von Sanssouci. Unten: Muntere, leicht geschürzte Rokokoskulpturen an der Gartenfassade des Schlosses.
Rechte Seite oben: Das Neue Palais und das Chinesische Teehaus im Sanssouci-Park. Unten: Pfaueninsel-Idylle, ein antikisierendes Tempelchen im Brandenburgischen.

11 Havelschlösser: von Berlin bis Potsdam

Preußisches Arkadien

Selten ist um einen so bescheidenen Fluss so viel Schönheit entstanden. Das beginnt geographisch auf der Pfaueninsel mit ihrem weißen Ruinenschloss. Politisch gehört das Inselchen noch zu Berlin, kulturhistorisch aber doch zu dem Preußischen Arkadien um das bis dahin provinziell unauffällige Städtchen Potsdam.

Den Anfang machte um 1660 der Große Kurfürst, Brandenburgs Landesherr, als er Potsdam zur zweiten Residenz neben Berlin erwählte. Reichtum an Wasser und Wäldern – gut für das feudale Pläsier der Jagd – werden die Wahl bestimmt haben, dazu die Nähe zu Berlin. Die macht bis heute Potsdam zu einer guten Wahl für viele, die ihren Beruf in Berlin ausüben. Schon 1664 schrieb der Statthalter des Großen Kurfürsten am Rhein, Johann Moritz von Nassau-Siegen, seinem Herrn in Berlin, die Insel – gemeint: Potsdam – »müsse ein Paradies werden«. Dies annähernd wahr zu machen, waren die Hohenzollern dann gut 250 Jahre beschäftigt, bis zum Thronverzicht Kaiser Wilhelms II. im November 1918, in seinem niederländischen Exil.

Weil an nahezu aller Bau- und Gartenkunst die Hohenzollern beteiligt waren, hat vieles einen familiären Anstrich. Nicht nur die Schlösser, auch kleinere Bauten, zum Beispiel das Blockhaus Nikolskoe, auf das man auf dem Wege zur Pfaueninsel-Fähre trifft. Weil König Friedrich Wilhelm III. (1770–1840) sich mit seiner Tochter Charlotte und seinem Schwiegersohn, dem Zaren Nikolaus I., in einem russischen Bauernhaus bei St. Petersburg so wohl gefühlt hatte, überraschte er das Paar beim Gegenbesuch in Berlin 1819 mit einem originalnahen Nachbau. Bis heute ist das Blockhaus in seinem bunten Zierrat eines der attraktivsten Berliner Ausflugslokale, musste freilich nach einem Brand 1984 rekonstruiert werden. Den Bau der benachbarten Kirche St. Peter und Paul – mit Zwiebelkuppel und romanischen Rundbögen (1834–37) – entwarfen die Architekten August Stüler und Albert Dietrich Schadow.

Eher außerfamiliär entstand das zauberhafte Schloss- und Parkgelände auf der Pfaueninsel inmitten des großen Havelsees. Lange hieß sie schlicht »Kaninchenwerder«, wegen der vom Großen Kurfürsten initiierten Kaninchenzucht.

Oben: Westlich von Potsdam, am Großen Zernsee, grünt Bauernland.
Mitte: Kostbar und exotisch: das Chinesische Teehaus im Sanssouci-Park.
Unten: Detail der Sonnenlaube.
Rechte Seite: »Sans Souci«, ohne Sorge wollte Friedrich II. in seinem 1745 erbauten Schloss leben – das misslang bald, Krieg folgte auf Krieg.

Dann durfte der Alchimist und geniale Glasmacher Johann Kunckel sich dort einrichten. Für Friedrich Wilhelm II. (1744–1797), den Neffen Friedrichs des Großen, war das Eiland erst Jagdrevier, dann eine Liebesinsel. Gemeinsam mit seiner lebenslangen Geliebten und Vertrauten, der gescheiten Wilhelmine Encke, späterer Gräfin Lichtenau, und dem Gartenkünstler Peter Joseph Lenné schuf er einen exotischen Park, in dem seither die namengebenden Pfauen zu Hause sind. Dazu im romantischen Ruinengeschmack seiner Zeit mit der markanten gusseisernen Brücke zwischen den zinnenbekrönten Türmen wurde auch das Schloss gebaut.

Erst 53-jährig starb Friedrich Wilhelm II. Sein Sohn Friedrich Wilhelm III., misstrauisch gegen Neues, galt als pflichtbewusst und gewissenhaft. Gegen die illegitime Lebensgefährtin des Vaters, die zur Gräfin Lichtenau geadelte Wilhelmine Encke, zeigte sich Friedrich Wilhelm III. jedoch äußerst ungalant, ließ sie brutal ohne Beweis irgendeiner Straftat inhaftieren und enteignen. Ein Bauherr aufwändiger Schlösser war er nicht, schon mangels Finanzmitteln. Mit seiner Gattin, der Königin Luise, genoss er die Pfaueninsel. Preußen unterlag unter seiner Regierung dem Angriff Napoleons, der Staat verarmte.

Schlossgrundstücke für drei Königskinder

Doch hinterließ auch Friedrich Wilhelm III. seine Spur im preußischen Arkadien. Er beschenkte seine Kinder mit Grundstücken: Kronprinz Friedrich Wilhelm (1795–1861), als König genannt Friedrich Wilhelm IV., durfte sich im Park von Sanssouci das klassizistische Schloss Charlottenhof und die Römischen Bäder bauen. Der zweitgeborene Wilhelm (1797–1888), der sich als 74-jähriger nach langem Zögern in Versailles zum Deutschen Kaiser krönen ließ, erhielt den Babelsberg gegenüber dem Jagdschloss Glienicke, das noch aus der Zeit des Großen Kurfürsten stammte. Im weiträumigen Park von Babelsberg (von Lenné, dann von Fürst Pückler-Muskau gestaltet, zwei der genialen Gartenkünstler ihrer Zeit) entstand 1833 nach Wünschen von Wilhelms Gattin Augusta und nach Plänen Friedrich Schinkels das Schloss Babelsberg, im englisch-neogotischen Stil, mit schönster Aussicht auf den Tiefen See, die Glienicker Lake und die Glienicker Brücke. Zur Zeit der DDR wurden auf ihr zwischen West und Ost Spione und Inhaftierte ausgetauscht.

Dem drittgeborenen Sohn Carl (1801–1881) schenkte Friedrich Wilhelm III. das Gutshaus und Gelände östlich der Glienicker Brücke, zuvor Besitz des Staatskanzlers Fürst Hardenberg. Der unermüdliche Schinkel besorgte den Umbau zum klassizistischen Sommerpalais »Klein-Glienicke«, Lenné verhalf Carl und seiner Gattin Marie von Sachsen-Weimar zu einem Gartenkunstwerk. Davon sind Reste um das Schloss beim Volkspark Glienicke erhalten, höchst prächtig mit überlebensgroßen vergoldeten Greifen und Löwen geschmückt – nicht zu übersehen, kommt man auf der Königsstraße auf die Glienicker Brücke zu.

Alle diese Schlösser und Schlösschen fügten sich in die grüne Flusslandschaft ein, jedes hatte seine Zugänge zum Wasser, die höfische Gesellschaft genoss immer andere Ausblicke auf Buchten und idyllische Inseln. Kein Wunder also, dass königliche Beamte und wohlhabende Privatleute sich auf den noch freien Grundstücken ansiedelten. Kleine und größere Villenviertel entstanden so entlang den Ufern der Insel Potsdam (eine Insel seit der Paretzer Kanal das Bauernland nördlich von Bornim durchschneidet).

Zu dieser, mit Land und Wasser, Parkweiten und kostbarer Architektur verschwisterten Region gehört auch Potsdams Heiliger See, eine Schöpfung des 18. Jahrhunderts zwischen der Nauener und der Berliner Vorstadt. Friedrich Wilhelm II. ließ nach dem Tod seines Onkels, Friedrichs des Großen, den Neuen Garten nach dem Vorbild des Wörlitzer Parks (siehe Seite 74ff.) gestalten und leistete sich den Bau des Marmorpalais. Als das teure Material ausging, musste sein Architekt Carl von Gontard, der Schöpfer des Brandenburger Tors, kurzerhand eine Marmorkolonnade im Park von Sanssouci abreißen und – klassizistisch umgearbeitet – neu aufstellen. Im Norden des Neuen Gartens entstand als letzter Schlossbau der preußischen Geschichte in den Jahren 1913–17 Schloss Cecilienhof für Wilhelm und seine Gattin Cecilie von Mecklenburg-Schwerin. Eher Landsitz als Schloss, ist es heute Hotel – mit dem originalen Konferenzraum, in dem Truman, Stalin und Churchill (zuletzt Attlee) im Sommer 1945 das »Potsdamer Abkommen« aushandelten.

Seine fast private Zuflucht Sanssouci ließ sich Friedrich II. im Jahr 1745 erbauen, wieder von Knobelsdorff wie zuvor Rheinsberg. Sanssouci bleibt mit seinem Park, den Weinbergterrassen und Parkbauten immer noch das persönlichste Werk unter all den Schlössern des Weltkulturerbes in Berlin und Potsdam, ohnegleichen im Charme des friderizianischen Rokoko. Freilich liegt es nicht am Havelufer und im Park gibt es nur den Schafgraben.

DAS WOHL DER GÄSTE GEHT ÜBER ALLES

Im Traditionshaus Am Jägertor mit klassizistischem Ambiente, angenehm günstig zum Potsdamer Zentrum wie zum Schloss Sanssouci gelegen, wird das Wohl der Gäste besonders groß geschrieben. Gutes Restaurant, Garage im Hause. Zahlreiche Sonderarrangements. Zugehörig den »Travel Charme Hotels«.

Hotel Am Jägertor
Hegelallee 11, 24467 Potsdam
Tel. 03 31/2 01 11 00, Fax 2 01 13 33
www.tc-hotels.de, zentrale Buchung
0 18 05/46 44 46 (0,12 €€€€/Min.),

WEITERE INFORMATIONEN ZU POTSDAM

Potsdam-Information
Tel. 03 31/2 11 00, Fax 03 31/2 30 12
Websites: www.potsdam.de, www.berlin.de/tourismus/sehenswuerdigkeiten, www.schiffahrt-in-potsdam.de

Mitte: Blick von der Reichstagskuppel nach Osten, zum Fernsehturm am Alexanderplatz. Unten und rechte Seite oben: In den Spiralen der Rampen hinauf zu der obersten Plattform: Tausende lockt sie täglich. Rechte Seite unten: Bundespräsidialamt und die nach einem Einsturz wieder aufgebaute Kongresshalle, heute »Haus der Kulturen der Welt«.

12 Berlins Mitte: Tiergarten und Reichstagskuppel

Grüner Schoß und gläserner Himmel

Der Tiergarten ist mehr als nur eine grüne Lunge oder ein Spaziergelände der Millionenstadt. Hier ist man mitten in der Stadt, auch mitten im Geschehen der letzten hundert Jahre. Noch vier Jahre nach dem Ende des Zweiten Weltkriegs, nach Blockade- und Luftbrückenzeit, war das Gelände zerschossen, aufgewühlt, abgeholzt. Vierzig Jahre später: ein neuer Landschaftspark war nach altem Lennéeschem Muster entstanden, fast wie zu Kaiser Wilhelms Zeiten, mehr als eine Million Bäume und Sträucher waren neu gepflanzt, nostalgisch-liebevoll wurden Denkmäler wie das für Friedrich Wilhelm II. von Preußen und die anmutige Königin Luise, für Goethe und Lessing wieder aufgestellt, selbst Bismarck und Moltke dürfen still vor sich hinschauen.

Heute: der Tiergarten, nicht mehr an die Mauer am Rand Westberlins gedrängt, verbindet das repräsentative Regierungsviertel, die Spreeinsel, Reichstag, Brandenburger Tor und die Hauptstraße Unter den Linden mit den westlichen Stadtbezirken. Auf 25 Kilometer Parkwegen kann man die drei Kilometer grüne Ost-West-Ausdehnung erleben, kann Ruhe finden, nachdenken, sich Bewegung verschaffen, auf dem Neuen See Boot fahren oder an seinen Ufern im Baumschatten gemütlich Kaffee und Bier trinken.

Ehemals vor 400 Jahren ein kurfürstliches Jagdrevier (daher Tiergarten), wandelte sich der Park im bürgerfreundlicheren 19. Jahrhundert nach Lennées Plänen in ein idyllisches Gelände mit ausgedehnten Rasenflächen, Baumgruppen, Brücken über Wasserläufen, Seen mit lauschigen Ufern. Heute bietet der Tiergarten im hastigen Getriebe der neuen Hauptstadt nicht nur Orte der Ruhe. Zehn Minuten vom Reichstag zeigt in der schwungvollen Architektur der Kongresshalle (von 1957/58) das »Haus der Kulturen der Welt« ein vielfältiges Veranstaltungsprogramm, nicht weit davon liegt im abgegrenzten Garten das wieder aufgebaute klassizistische Schloss Bellevue, Amtssitz des Bundespräsidenten.

s Berlín. Das Mexiko-Fest

Oben: Am Tauentzien: Skulptur »Berlin« vom Künstlerpaar Matschinsky-Denninghoff, Symbol der geteilten Stadt.
Mitte: Stiller Kanal im Tiergartengelände.
Unten: Nach 1991 die größte Baustelle: Potsdamer Platz.
Rechte Seite: Aufwändig renoviert: das Brandenburger Tor. Rechts außen: Siegessäule, 1873 eingeweiht.

Die »Straße des 17. Juni«, Fortsetzung der Straße »Unter den Linden«, kreuzt sich am »Großen Stern« mit wichtigen Nord-Süd-Verkehrsverbindungen. In der Mitte steht die von der geflügelten »Goldelse« gekrönte Siegessäule. Von der Balustrade unterhalb der Figur (285 Stufen) gibt es den besten Ausblick auf den Tiergarten, vom angrenzenden »Kulturforum« über das Botschaftsviertel bis zum Zoologischen Garten, der einmal ein Teil des Tiergartens war, und natürlich in östlicher Richtung zum sowjetischen Ehrenmal, 1945 triumphal gebaut aus den Steinen von Hitlers Reichskanzlei, zum Brandenburger Tor und zum Reichstag.

Die Kuppel: Norman Foster fügte sich

Deutschlands Parlamentsgebäude, das Haus des Bundestags, wird immer noch Reichstag genannt nach dem Wallotschen Altbau für das Parlament zu Kaiser Wilhelms Zeiten. Vielleicht weil diese Mauern so viel Geschichte des 20. Jahrhunderts darstellen: pompöse Selbstgewissheit vor dem Ersten Weltkrieg, demokratisch bewegte Bühne nach 1919 – am 9. November 1918 wurde aus einem Fenster der Westfassade von Philipp Scheidemann die »Deutsche Republik« ausgerufen –, Missbrauch und Niedergang der Demokratie, zeitlich besiegelt durch den Reichstagsbrand am 27. Februar 1933, der von Hitler als Signal und Vorwand zur Verfolgung seiner politischen Gegner benutzt wurde. Schließlich wurde die Eroberung Berlins am Ende des Zweiten Weltkriegs mit der Erstürmung des Reichstagsgebäudes durch sowjetische Truppen gekrönt, noch heute sind Graffiti der triumphierenden Russen an den Wänden im Reichstag zu sehen.

Nach Jahren als Ruine wurde das Gebäude, dem man das Stahlskelett der Kuppel weggesprengt hatte, in den 1960er Jahren leidlich, jedoch nicht zu parlamentarischem Gebrauch wiederhergestellt. Nach der Wiedervereinigung 1990 sollte es für den Deutschen Bundestag wieder aufgebaut werden. Und es fügte sich, dass die symbolhafte Existenz des Baus fortwirkte. Es war ein britischer Architekt, Norman Foster, der den Wettbewerb um den Bauauftrag gewann. Nach anfänglichem Widerstand fügte Foster sich seinen Bauherren – dem Ältestenrat des Bundestages – und dem Wunsch breiter Kreise, wieder eine Kuppel auf dem Reichstag zu sehen. Zugleich aber gestaltete er diese gläserne Krönung und ihre Plattform als öffentlichen Raum, als besten Platz für den Souverän, das Volk, im Haus seiner Volksvertreter.

Und vom Tag der Vollendung des Bauwerks an wurde der Platz in dem architektonischen Kristall begeistert angenommen. Die Berliner und ihre Gäste strömten und strömen immer noch zu Tausenden die Spiralen in der Kuppel hinauf und hinunter, warten selbst im Regen vor dem Einlass. Alle genießen den Blick über Berlin von der höchsten Plattform, auf die Spree, den Fernsehturm, auf die »Linden« hinüber zum Berliner Dom, auf den Tiergarten und die neue Hochhaus-Architektur am Pots-

damer Platz, nach Charlottenburg hinüber bis zum Funkturm, sie sehen bei klarem Wetter in der Ferne sogar das wellige Land des Fläming im Süden.

Von der Plattform vor der Kuppel aus ist ein Restaurant zugänglich – wenn Platz ist! –, bei schönem Wetter kann an gedeckten Tischen draußen speisen, wem der frische Wind nichts ausmacht.

»Man kann keinen Teil davon wegnehmen«

In der Mitte unter der Kuppel ist ein geschwungener Kegel angebracht, der mit 360 geneigten Spiegeln Tageslicht ins Innere lenkt. Seine Spiegelungen zeigen ein faszinierendes Bild gegenläufiger Bewegungen der Passanten in den Spiralgängen, ein Spiel, dem mancher lange zuschauen mag. In dem Kegel, dessen untere Spitze wie eine große Spindel in den Plenarsaal hineinragt, befindet sich ein Entlüftungssystem. Entlüftung und Wärmeregulierung sind ökologisch Energie sparend angelegt – mit natürlicher Be- und Entlüftung durch die Kuppel, Heizung durch Bio-Brennstoff mit Wärmespeicherung in 300 Meter Tiefe, mit durch Solarenergie betriebene Sonnenblenden. In einem Interview mit dem Magazin »stern« äußerte sich Norman Foster über die Kuppel: »... Man kann keinen Teil davon wegnehmen, ohne dass unsere ganze Philosophie zusammenfällt. Wenn die Leute nicht mehr auf die Kuppel steigen dürfen, fehlt dem Bau die Offenheit, das soziale Element. Wenn sie nicht aus Glas ist, also kein Tageslicht mehr ins Gebäude kommt, dann bricht unsere Energieversorgung zusammen, denn wir brauchen die Sonne für unser Heizkraftwerk. Wenn die Luft nicht mehr durch die Kuppel entweichen kann, dann gibt es einen Wärmestau. Alles spielt ineinander. Der Reichstag ist wie ein Mensch. Er hat ein Herz, einen Verstand und einen Körperbau, das gehört alles zusammen.«

Viele Besucher kennen diese Zusammenhänge nicht, doch sie ersteigen froh den gläsernen Himmel des Reichstags, 460 Meter auf der Rampenspirale hinauf und hinunter, einen der schönsten Wege Deutschlands.

EDLES UND IDEENREICHES DESIGN

Wer sich zum Hauptstadtbesuch etwas Teures leisten mag, ist im Brandenburger Hof richtig: ein altes Stadthaus, nicht weit von Zoo und Kurfürstendamm gelegen.
Hotel Brandenburger Hof
Eislebener Straße 14, 10789 Berlin
Tel. 0 30/21 40 50, Fax 21 40 51 00
www.brandenburger-hof.com
Zugehörig den Small Luxury Hotels

WEITERE INFORMATIONEN ZU BERLIN

Tourist Info Center
Brandenburger Tor/Seitenflügel
Website:
www.berlin.de/tourismus/sehenswuerdigkeiten, www.berlin-tourist-information.de, www.bundestag.de

Sand vom Feinsten verwöhnt die Badegäste, und nicht nur an Dünen, auch an Kiefern ist Spiekeroog reich. Wo sonst gibt's ein Muschelmuseum?

13 Spiekeroog: Sand vom Feinsten

Eine von sieben Schönheiten

Meer und Wind haben aus Sand die »Sieben Ostfriesischen Schwestern« geschaffen. Eine Spiekeroog-Besonderheit ist der höchste Baumanteil (Kiefern) unter den sieben Inseln, naturgeschützt im »Nationalpark Wattenmeer«. Eine andere Besonderheit ist das altfriesische Dorf, das unter vielen Neubauten noch erkennbar ist, eine dritte die viel gerühmte Sandqualität. Auf Spielbank oder Kongresszentrum kann man verzichten, wenn man Strandleben, Segeln und Surfen, Reiten und Radeln vorzieht. Brave Rösser ziehen das nostalgische Pferdebähnchen – pardon, die »erste deutsche Museumspferdebahn« – übers schmale Gleis. 17 Quadratkilometer klein, ist die autofreie Insel vom Hafen Neuharlingersiel nur eine Stunde entfernt. Wer Ruhe sucht, findet sie, kann sie aber unterbrechen, nicht nur sportlich: Dichter lesen, Pastoren halten Gesprächsabende, Bollerwagen fahren um die Wette. Spiekeroog ist schön.

HOTELEMPFEHLUNG: Hotel zur Linde, Norderloog 5, 26474 Spiekeroog, Tel. 0 49 76/9 19 40, Fax 91 94 30, www.linde-spiekeroog.de

14 Königslutter und der Elm

Laubwälder und Lombardenarchitektur

Wo man vor der Wiedervereinigung auf die »Vopo«-Kontrolle bei Marienborn warten musste, breiten sich an der Autobahn Buchenwälder mit duftendem Waldmeister aus. Sie gehören zum Naturpark Elm-Lappwald, dessen Hügel weithin mit dichtem Laubwald bewachsen sind. Außerdem umfasst der Naturpark das Rieseberger Moor mit seltenen Orchideen, zieht sich südlich bis zur Eulenspiegelstadt Schöppenstedt hin, umfängt Helmstedt, den Tetzelstein, wo der Sage nach ein Ritter dem Tetzel die gesammelten Ablassgelder raubte, und Königslutter. Kaiser Lothar ließ die romanische Stiftskirche bauen, in der er 1137 beigesetzt wurde. Sie ist Werk lombardischer Steinmetze, dreischiffig mit reich verzierten Säulen, Löwenportal und Apsis-Jagdfries, ein erhebendes Beispiel dieses Stils. Die Umgebung der Kirche mutet mit schmalen Gassen durchaus mittelalterlich an.

HOTELEMPFEHLUNG: Bequeme Unterkunft im Avalon Hotelpark Königshof. Braunschweiger Str. 21a, 38154 Königslutter am Elm, Tel. 0 53 53/50 30, Fax 50 32 44, www.hotelpark-koenigshof.de

15 Auf der deutschen Alleenstraße

Reisen unter grün-goldenem Dach

Viel Bekanntes liegt an ihrem Verlauf: die Insel Rügen, die Hansestadt Stralsund, die Mecklenburger Seenplatte, Eisenach, Fulda, Torgau, Meißen, Halberstadt und Goslar. Diese Straße mit ihren Nebenarmen reicht bis zum Bodensee, verbindet Orte jedoch nicht auf dem kürzesten Wege, sie lädt zum Schauen und Genießen ein, ob man im Auto oder auch zu Fuß oder per Fahrrad unterwegs ist. Viel seltener als im Norden und Osten sind baumgesäumte Landstraßen in den westlichen und südlichen Bundesländern. Dort ist man jetzt dabei, Alleen nachzupflanzen, denn in den Jahrzehnten des »Wirtschaftswunders« fielen sie der Straßenverbreiterung zum Opfer. Die Arbeitsgemeinschaft Deutsche Alleenstraße e.V. will die Alleen-Schönheit wieder populär machen, als wertvolles Kulturerbe und wunderschönes Naturerlebnis. Region für Region kann der Reisende diese Straßen und ihre Nachbarschaft entdecken. Mit zahlreichen Unterkunftsadressen sowie Reiserat und Kartenskizzen ist das Taschenbuch »Deutsche Alleenstraße« nützlich (WKP-Verlag, Freilassing).

Wer sich als Autofahrer auf Alleenstraßen einlässt, tut gut daran, ein wenig langsamer zu reisen – und die Fahrt im Baumschatten wird genussvoll werden.

16 Nationalpark Jasmund

Zum Königsstuhl, zum Königsstuhl!

Caspar David Friedrich, der Meister der Naturstimmungen, malte das ultimative Rügen-Bild, die »Kreidefelsen auf Rügen«. Es ist bald 200 Jahre alt und ganz abgesehen von seiner meditativen Schau auf die bizarren Felsnadeln über dem Meer auch ein Beleg für die unaufhörlichen Veränderungen an der Kreidesteilküste. Niemand kann mehr exakt benennen, welche Felsen C. D. Friedrich malte, ob die Wissower Klinken, ob Viktoriasicht, ob Klein-Stubbenkammer. Die Ostsee nagt an der Küste. Lässt Felsbrocken und Bäume an der Geländekante abstürzen. Seit etwa 1920 unter Naturschutz, seit 1990 Teil des nur 30 Quadratkilometer großen »Nationalparks Jasmund«, werden die kostbaren Naturdenkmale »Kreidefelsen« zumindest nicht mehr industriell abgebaut. Sie mit eigenem Auge zu sehen, wünschen sich Millionen. Die Plattform des Königsstuhls wird alljährlich von etwa 500 000 Menschen betreten.

HOTELEMPFEHLUNG: Parkhotel Sassnitz, Hauptstraße 36, 18546 Sassnitz, Tel. 03 83 92/69 50, Fax 69 51 99, E-Mail ParkhotelSassnitz@t-online.de

Die Kreidefelsen sind allein schon eine Reise nach Rügen wert.

Die kleinen Werderinseln im Nationalpark Vorpommersche Boddenlandschaft.

In den Regionen der Mittelgebirge, der lieblichen Flusstäler und dichten Wälder sind fast zahllos Schlösser, reizvolle Fachwerkstädtchen und Parks zu erleben. Rechts: Stadtpalais in bester Lage: Bambergs »Wasserschloss Concordia«.

Deutschlands Mitte

Mitte: Der Wohnsitz der Familie Droste-Hülshoff, Haus Hülshoff bei Münster – und (unten) die Porträtskulptur der Dichterin Annette Freiin von Droste-Hülshoff (1797-1841) im Garten.
Rechte Seite: Münsters wieder aufgebauter Prinzipalmarkt mit dem schön gegliederten Stufengiebel des Rathauses und barocken Schaufassaden.

17 Münster und Münsterland

Wasserschlösser und andere Wunderdinge

Deutschland ist nicht gerade arm an Plätzen und Orten, deren Bauten die Höhepunkte und Krisen der Geschichte gegenwärtig machen. An das Brandenburger Tor und den Reichstag in Berlin kann man denken, an die Wartburg, wo Martin Luther als Junker Jörg das Neue Testament ins Deutsche übersetzte. Münster hat zwei oder sogar drei solcher Plätze, an denen die Geschichte einen Wendepunkt erreichte und Langzeitwirkungen ihren Anfang nahmen.

Der erste Gedenkort, auf den man beim Stadtrundgang trifft, ist das Rathaus am Prinzipalmarkt mit seinem eleganten gotischen Schaugiebel. Zwar im Zweiten Weltkrieg mit dem Großteil der historischen Innenstadt von Brand- und Sprengbomben zerstört, wurde das Rathaus schon in den 1950er Jahren originalgetreu wieder aufgebaut. Samt dem »Friedenssaal«: unter dessen prachtvollem schmiedeeisernem Kronleuchter die Delegierten 1648 nach vierjährigen Verhandlungen den Spanisch-Niederländischen Friedensschluss zustande brachten. Damit war der »Westfälische Friede«, das so lang erhoffte Ende des Dreißigjährigen Krieges, endlich ganz nahe gerückt.

Das hochlehnige Gestühl des Saals ist noch original, es war mit dem übrigen Inventar ausgelagert worden. Für den Humor der Münsterländer sprechen die Schnitzereien an den Schranktüren, die in einem Ratssaal doch überraschen. Da säuft ein Trinker aus einer Kanne, der biblische Wal spuckt den Propheten Jonas aus, zwei Affen schlagen aufeinander ein, zwei Männer, und zwar ohne Köpfe, fallen übereinander her. Gleichnisse der Torheit von Mensch und Tier? Anders die drei Tauben mit Ölzweigen im Schnabel, die auf einer gusseisernen Platte am monumentalen Kamin zu entdecken sind, mit der Inschrift »Anno 1648. Pax optima rerum, 24 Oct.« (Der Friede ist das Wichtigste von allem).

Gegenüber dem Rathaus stand früher ein Stadttor. Ohne Tor führt eine kurze Straße in den ersten, einst ummauerten Kern der Stadt und zum heute von weiter Platzfläche umgebenen Dom. Den gründete Karl der Große für das 791 gestiftete Bistum, ein früher Vorposten des mittelalterlichen Christentums, zum Nutzen frommer Mission der »Heiden« und zur weniger frommen Machtvermehrung der Christen. Was Karl der Große begann, wirkt fort bis zur Europä-

Oben: Wuchtiger Rundturm: Schloss Diepenbrock bei Bocholt.
Mitte: Biedermeierlich präsentiert sich der Speisesaal der Familie Droste-Hülshoff in der Wassserburg Haus Hülshoff, westlich von Münster.
Unten: Fürstbischöfliche Residenz, nach Plänen von J. C. Schlaun erbaut, heute von Münsters Universität genutzt.
Rechte Seite: Schloss Raesfeld.

ischen Union. Jahrhundertelang wurde an diesem Dom gebaut, seine heutige Gestalt zeigt mit den beiden wuchtigen Vierkanttürmen im Wesentlichen den Bau des 13. Jahrhunderts. Die astronomische Uhr zeigt Stunden und Tage schon seit 1542, und ihr Kalender reicht noch bis ins Jahr 2071.

Münsters drittes historisches Hauptzeugnis? Es ist grausamer Art, hoch am Turm der Lambertikirche (und nah dem Rathaus) hängen drei Gitterkäfige. Darin wurden die hingerichteten Anführer der »Wiedertäufer« ausgestellt, die in Münster ein »neues Zion« ausriefen und mit großer Anhängerschaft sechzehn Monate lang gegen die Belagerer der Stadt verteidigten. Die Erzfundamentalisten der Reformationszeit waren die Wiedertäufer, sie wollten die persönliche Religionsfreiheit (darum die Erwachsenentaufe) und eine frühkommunistische Gesellschaft mit allgemeiner Gütergemeinschaft, frei von staatlicher oder kirchlicher Autorität. Nirgendwo fanden sie so starken Zulauf wie in Münster, und nirgends war ihr Absturz so tief.

Die Schönheit der Wasserburgen

So angenehm es sich in Münster leben lässt, Naturfreunde zieht es mit Macht hinaus ins Münsterland. Was lockt sie? Sicherlich die Weite der Horizonte – und zugleich der dauernde Wechsel der Perspektiven und Panoramen. Waldstücke und stolze Einzelbäume unterbrechen in immer neuen Variationen die gerade Linie, an der sich Himmel und ebenes Bauernland begegnen. Als Autofahrer sollte man sich auf die schmaler werdenden Asphaltbänder einlassen, als Radler tut man es ohnehin. Über wie viele Brücken und Brückchen fährt man, über wie viele wasserführende Gräben und Bäche? Oft im Schutz und Schatten hoch gewachsener Bauminseln ruhen die Gehöfte. Und kaum anders, nur dass sich gleich ein ganzes Waldstück um sie schließt, verbergen sich des Münsterlandes schönste Architekturen: die Wasserburgen.

Wie viele Wasserburgen, Schlösser und Herrensitze gibt es im Münsterland? Fast 143 sind in einer Karte eingezeichnet, die von der Stadt Gütersloh bis zur holländischen Grenze reicht. Wer sich nicht so weit von Münster entfernen mag, findet eine der schönsten Burgen schon etwa 30 Kilometer südlich, die Burg Vischering bei Lüdinghausen. Vielen gilt sie als die schönste von allen Wasserburgen Westfalens. Bauherr war ein mächtiger Fürstbischof in Münster, der die verschachtelt angelegte »Ringmantelburg« als wehrhaften Adelssitz bauen ließ. Wegen ihres guten Erhaltungszustandes zählt sie zu den besten Beispielen mittelalterlicher Wehrburgen. Heute gibt es Konzerte und im Restaurant festliche Rittermahle. Ringsum von Waldgrün und breitem Wassergraben umfasst, also nur über die hölzerne Brücke zu erreichen, spiegelt sich das alte Mauerwerk aus unverputzten Natursteinen schön im stillen, glänzenden Spiegel des Wassers. Die drei halbkreisförmigen Stockwerke sind auf das annähernd kreisrunde Inselchen gebaut, unmittelbar am Wasser. Sie tragen das ziegelgedeckte Giebeldach. Aus dem nach einer Seite offenen

Innenhof mit seinen hohen Laubbäumen ragt ein schlanker Turm mit barocker Haube: Burgenromantik pur!

In der sehr alten Wasserburg Hülshoff beim Dorf Havixbeck westlich von Münster wurde Annette von Droste-Hülshoff (1797–1848) geboren. Starke Sensibilität der Wahrnehmung und poetische Kraft, bei empfindlicher Gesundheit, prägten ihr Leben in einer streng religiösen und konservativen Umgebung. Nach dem Tod des Vaters siedelte sie mit der Mutter im Jahr 1826 ins Rüschhaus bei Nienberge über, einen der Burg zugehörigen Witwensitz. Erst 1838 konnte sie ihren ersten Gedichtband drucken, auf Verlangen der Familie ohne ihren Namen. In der Burg Hülshoff zeigen museale Räume die Lebenswelt des münsterländischen Adels zur Lebenszeit der bekannten Dichterin. Der Park um die Wasserburg wurde nach historischen Plänen restauriert. Auch das Rüschhaus, ein Werk des prominenten westfälischen Architekten Johann Conrad Schlaun, kann besichtigt werden. Nicht zu übersehen ist, wie eingeschränkt die Dichterin im Zwischengeschoss lebte, im »Schneckenhäuschen«, wie sie sagte. Für sie war Meersburg am Bodensee der Wunschort, wo die Schwester und der Schwager, der Freiherr von Laßberg, lebten. Mit dem Honorar für ihren ersten Gedichtband ersteigerte sie dort das »Fürstenhäuschen« in den Weinbergen über der Stadt. Über westfälische Natur und Landschaft dichtete sie zauberisch stimmungsechte Verse.

EINZIGARTIGES AMBIENTE

Außerhalb der Stadt, leicht erreichbar im Grünen ist das Parkhotel Schloss Hohenfelde – mit 84 Zimmern und 12 Appartements im benachbarten Landhaus Hohenfeld – hervorragend ausgestattet, um Gästewünsche zu erfüllen: außer mehreren Restaurants, der Aperitiv-Bar und der Bierstube »Börneken« werden u.a. ein beheiztes Schwimmbad, Finnische Sauna und Solarium, Tauchkurse, 2 Bundeskegelbahnen und die Nutzung hoteleigener Fahrräder geboten. Dazu ein Sportpark und Tennisclub, Reiterhof und Kosmetikstudio.

Parkhotel Schloss Hohenfelde
Dingbänger Weg 400, 48161 Münster
Tel. 0 25 34/80 80, Fax 71 14
www.parkhotel-hohenfeld.de

WEITERE INFORMATIONEN ZU MÜNSTER/WESTFALEN

Münster Information
Tel. 02 51/492 27 10, Fax 4 92 77 43
Websites: www.tourismus.muenster.de, www.muensterland-tourismus.de

Mitte: Unter den Giebeln der alten Reichsstadt überdauert noch viel mittelalterlich geprägte Fachwerkarchitektur.
Unten: Phantasievolles Schnitzwerk an der heutigen Stadtbücherei.
Rechte Seite: Die im 19. Jahrhundert restaurierte Kaiserpfalz und Goslars Glanzstück der Bürgerrepräsentation: der spätgotische Huldigungssaal im Rathaus.

18 Goslar – »Freie Reichsstadt« am Harz

Gold und Silber tausend Jahr

Unter den Altstadtschönheiten des Harzes ist Goslar die schönste. Auch wenn Fachwerkfreunde noch andere Harzstädte in höchsten Tönen loben: voran Wernigerode, nur eine knappe Autostunde östlich von Goslar, und im Südharz Osterode. Doch in Goslars Mauerring lebt so viel Vergangenheit, ist so viel authentische Altstadt zu entdecken wie nur noch in ganz wenigen deutschen Städten. Und zu jeder Jahreszeit ist Goslars Lage am ansteigenden Rand des Harzes reizvoll – weil trotz der Stadterweiterungen die offene Landschaft noch nah an die Siedlung heranreicht, mit Feldergrün und Waldgrün, herbstlichem Laub und verschneitem Forst.

Empfehlung für den Erstbesuch Goslars: Am besten tritt man vom Nordosten oder Südwesten in dieses »Stadt-Biotop« ein, durchs Breite Tor und die Breite Straße oder durch die Bergstraße. Wie seit je führen die Straßenzüge zum Marktplatz, und der ist mit seinem sternförmigen Natursteinpflaster und altem Baumbestand zugleich repräsentativ und anheimelnd. Dieser zeigt über den Bronzeschalen des Marktbrunnen stolz den Reichsadler, prunkt mit der Spitzgiebelreihe des spätgotischen Rathauses, mit den schiefergedeckten Türmchen des Hauses »Kaiserworth«, das einst Gildenhaus der Gewandschneider war, und mit bravourösen Fachwerkvariationen. Gleich neben dem Rathaus, wo man den mit Kaisern und Sybillen ausgemalten Huldigungssaal bestaunt, ragen die ungleichen Türme der Marktkirche auf. Sie ist eine von fast einem halben Hundert Kirchen und Kapellen.

Gegenüber steht ein Bürgerhaus mit schmaler Frontfassade, »Zum Brusttuch« genannt und heute Hotel. Im Schnitzwerkschmuck fällt die dralle Butterhanne auf, die keck ihre blanke Kehrseite herzeigt, ein Symbol der Vitalität der kleinen Leute, die sich nicht ducken ließen von den großen Herren. Auch ist die Butterhanne ein Abwehrzauber gegen finstere Mächte. Über die Harzwälder, glaubte man, ritten die Hexen zum Teufelstreff auf dem Brocken, auch Blocks-

Oben: Stimmungsvoller Winkel an der Lohmühle. Mitte: Kaiserliche Hoheiten blicken von Haus Kaiserworth auf den Goslarer Marktplatz. Unten: Kaiser hoch zu Ross posieren auch vor der romanischen Halle der im 19. Jahrhundert restaurierten Kaiserpfalz.
Rechte Seite: Der Reichsadler auf Goslars Marktbrunnen.

berg genannt. Am Abend des 30. April ziehen die Goslarer und mit ihnen auch die Touristen zu den lodernden Walpurgisfeuern auf den Höhen des Harzrandes. Das sehr aktive Harzer Kunstgewerbe produziert wilde Hexenmasken, auf ihren Besen reitende Hexen und ähnliche Souvenirs mehr.

Es grüne die Tanne, es wachse das Erz …

Goslars ovaler Altstadtkern erstreckt sich eng bebaut über kaum einen Quadratkilometer. Woher stammt all der Glanz und Reichtum Goslars? Die Bergleute haben ihn aus der Tiefe des Rammelsbergs vor den Toren der Stadt geholt. Schon vor 3000 Jahren, als es noch kein Goslar gab, wurden im Harz Metalle gefördert, fanden die Archäologen heraus. Erdgeschichtliche Hebungen und Senkungen, heiße Schmelzflüsse, hoher Druck im nördlichsten deutschen Mittelgebirge schufen die Voraussetzungen: Meeresablagerungen wurden »schräg gestellt«, Schichten wurden »zertrümmert«, Erze »angereichert«. Gerade der Nordostrand des Harzes zwischen Langelsheim und Bad Harzburg, also das Gebiet um Goslar heißt wegen der vielfältigen Aufschlüsse die »klassische« oder »goldene Quadratmeile der Geologie«.

Das Schlüsseldatum für den Bergbau im Rammelsberg ist das Jahr 968, die erste urkundliche Erwähnung. Im Mittelalter sorgten die ottonischen, dann die salischen Kaiser für den kontinuierlichen Abbau der Erze und ließen aus dem Rammelsberg vor allem Silber und Kupfer, auch etwas Gold holen, unter härtesten Arbeitsbedingungen. Mit dem Metallhandel gewann Goslar eine bedeutende Stellung im nordeuropäischen Städtebund der Hanse. Das späte 14. und das frühe 15. Jahrhundert waren eine Krisenzeit des Harzer Bergbaus, doch die folgende Epoche, mit wachsender Technisierung und Industrialisierung der Abbauverfahren, dauerte im Rammelsberg bis 1988.

Damals waren die riesigen Erzlager von fast 30 Millionen Tonnen erschöpft. Wegen der erhaltenen historischen Schächte und Stollen, der Fahrkünste, Wasserräder und oberirdischen Architekturen wurde das Bergwerk Rammelsberg 1992 in die Welterbeliste der UNESCO aufgenommen. Große Teile sind für Besucher zugänglich und bieten spannende Einblicke in die mittelalterliche und frühneuzeitliche Arbeitswelt der Bergleute. Etwa mit den erwähnten Fahrkünsten, jeweils zwei dicht nebeneinander montierte hölzerne Leitern, die durch Wasserkraft gegeneinander so verschoben wurden, dass die zur Schicht einfahrenden oder die nach der Schicht ausfahrenden Bergleute jeweils von einer Stufe zur anderen treten konnten und damit in die Tiefe oder hinauf zum Tageslicht gelangten.

In die UNESCO-Welterbeliste kam jedoch nicht allein das Rammelsberg-Bergwerk, sondern zugleich auch Goslars Altstadt und die Kaiserpfalz. 23 Reichstage fanden in der um 1050 errichteten Pfalz statt, an die hundertmal reisten deutsche Könige und Kaiser nach Goslar.

Der romanische Bau dominiert die Anhöhe gegenüber der Domvorhalle. Diese ist als kostbarer Rest beim Abbruch des um 1820 baufällig gewordenen Goslarer Doms erhalten geblieben. Auch vom Originalbau der Kaiserpfalz war im 19. Jahrhundert nur noch eine Ruine übrig. Heutige Besucher sollten nicht jeden Stein und schon gar nicht die großflächigen Glasfenster des lang gestreckten Kaisersaals für authentisch halten. Voll Bewunderung für das »Heilige römische Reich deutscher Nation«, aber auch mit Phantasie hat man eine »würdige« Restaurierung eingeleitet. Aus dem Wettbewerb um die Ausmalung des Kaisersaals ließ die Jury 1877 den Thüringer Hermann Wislicenus hervorgehen, damals Akademieprofessor in Düsseldorf. An den wandfüllenden Werken, die Wislicenus mit seinen Schülern in 20 Jahren produzierte, haben Liebhaber wilhelminischer Historienschinken bis heute ihre Freude. Historisch zuverlässig und am angemessenen Platz zeigt die Kaiserpfalz dagegen die Ausstellung zur Geschichte des mittelalterlichen »Wanderkaisertums«.

Goslar, ein Hauptort alter deutscher Städteherrlichkeit, hat sich seit den 70er Jahren des 20. Jahrhunderts auch als ein Zentrum moderner Kunst profiliert. Hinter den hochdekorativen Außenmauern des »Mönchehaus-Museums«, eines Ackerbürgerhauses aus dem Jahr 1528, findet sich eine der beachtlichsten städtischen Sammlungen, und diese Sammlung wächst immer weiter, auch mit Werken von Künstlern aus aller Welt, denen die Stadt einmal jährlich ihren »Kaiserring« verleiht. Unter ihnen so bekannte Künstler wie: Henry Moore und Max Ernst, Richard Serra, Christo und Jenny Holzer. Auf deren großformatige Skulpturen trifft man im Stadtbild, und solche Ankäufe werden in Goslar nicht aus Steuergeldern, sondern privat vom »Verein zur Förderung moderner Kunst Goslar« finanziert.

UNTERM STEILEN GIEBELDACH

Das Haus Zum Brusttuch (Treff Hotel) direkt am Markt und der Jakobi-Kirche hat seinen Namen von der Erker-Architektur des über 475 Jahre alten Hauses, dessen Fassade übrigens mit einer drallen Butter-Hanne geschmückt ist. Historisches Restaurant, 13 Zimmer, Schwimmbad im 3.Stock

Hotel Zum Brusttuch
Hoher Weg 1, 38640 Goslar
Tel. 0 53 21/3 46 00, Fax 34 60 99
www.treff-hotels.de

WEITERE INFORMATIONEN ZU GOSLAR

Tourismus-Information
Tel. 0 53 21/7 80 60, Fax 78 06 44
Websites: www.goslar.de

Mitte: Geburt des Klassizismus in Deutschland: seit 1766 entstand bei Dessau das Wörlitzer Schloss, entworfen von Friedrich Wilhelm von Erdmannsdorff. Im Park begegnen dem Besucher Architekturzitate älterer Zeit, bis zurück ins Mittelalter, am markantesten das »Gotische Haus«. Und immer wieder: Brücken, in den Bauformen vieler Epochen!

19 Im Wörlitzer Gartenreich bei Dessau

Wo das Gute glückte

Vielleicht träumt jeder Gartenfreund davon, einmal eine kilometerweite Landschaft zu einem Wunschgarten zu gestalten. So viel Raum und Mittel zu besitzen, wie seine Phantasie für Bäume und Sträucher, für Teiche und Bäche, Gärten und Grotten dringlich brauchte. Fürsten, Künstler, Multimillionäre machten ihre Großgartenträume wahr, die Alhambra-Gärten von Granada oder den Park von Versailles, englische Parklandschaften und den spiegelbunten Zaubergarten der Niki de Saint-Phalle in der Toskana.

Eines von diesen Parkwundern, und zwar eines von sehr eigener, besonderer Art ist das »Gartenreich von Dessau-Wörlitz«, das sich zwischen den Flüssen Elbe und Mulde, ihren Auen und Altwassern ausbreitet. Solange die deutsche Zweistaatlichkeit dauerte, wussten in Westdeutschland außer den Experten nur wenige von dieser einzigartigen fürstlichen Schöpfung des 18. Jahrhunderts. Als die innerdeutsche Grenze fiel, nutzte man in Sachsen-Anhalt die günstige Konstellation: einer der frühesten Landschaftsparks Kontinentaleuropas wurde weithin in seiner ursprünglichen Gestalt wiederhergestellt. Seither schließt das »Gartenreich« wieder mehrere Schlösser und kleine Dörfer ein. Anno 2000 war das angestrebte Ziel so weit erreicht, dass es den Segen der UNESCO erhielt und als Teil des »Biosphärenreservats Mittlere Elbe«in die Welterbeliste aufgenommen wurde. Schon die Fläche dieses Welterbes ist ungewöhnlich: es umfasst 145 Quadratkilometer. Jährlich kommen etwa zwei Millionen Besucher.

Das Besondere und Eigene dieses Wörlitzer Gartenreichs?

Es ist aus dem Geist der europäischen Aufklärung geboren. Sein Gründer gehörte zu einer kleinen, mit Weitblick und humanen Visionen begabten Elite absolutistischer Fürsten. Gerade erst 18 Jahre alt, begann Fürst Leopold III. Friedrich Franz von Anhalt-Dessau (1740–1817) seinen Kleinstaat umzubauen, das gesellschaftliche Leben zu erneuern und die bescheidene Wirt-

Oben: Augen auf – hinter jeder Baumgruppe entdeckt man wieder eine andere architektonische Rarität. Mitte: Das historische Küchengebäude lädt zu Imbiss oder Kaffeepause.
Rechte Seite: Pfauen sind an Europas Fürstenhöfen schon im Alten Rom beliebt gewesen – hier vorm »Gotischen Haus«.

schaftskraft zu stärken. Seine Vorbilder: vor allem englische, was Landwirtschaft, Industrie und Lebensart betraf. Sein Leitsatz, frei nach dem römischen Dichter Horaz: »Das Schöne soll nützlich, das Nützliche schön sein«. Das hieß: seine Gärten waren nicht allein als Repräsentations-Instrumente geschaffen, sie sollten Ökologie und Ökonomie harmonisieren.

Dafür fand der junge Dessauer Fürst einhelligen Beifall bei den Meinungsführern seiner Zeit, unter ihnen König Friedrich II. von Preußen (»Friedrich der Große«), der Wiederentdecker der griechischen Antike Johann Joachim Winckelmann und der Schweizer Johann Caspar Lavater, auch Goethe und der große Naturforscher Alexander von Humboldt.

Im 18. Jahrhundert, als es noch viel Wildnis gab um die unregulierten Flüsse, galt die von Menschen gemachte Landschaft um Dessau und Wörlitz manchem Reisenden als »das schönste Land des Reiches«. Zu weiten Horizonten hin erstrecken sich sanfte Hügelrücken und Bodenwellen, übers Erdreich gelegte Parkwege, Baumreihen und Wäldchen, Teiche und Kanäle. Schlossfassaden und landwirtschaftliche Nutzbauten haben dazwischen ihren Platz. Heute strahlt das alles nicht mehr in dem Maße wie vor zwei Jahrhunderten die Aura des Außerordentlichen aus, überrascht eher durch Maßhalten und Rücksicht auf die Natur. So erfüllt die Gartenreich-Harmonie den Besucher mit Ruhe, lenkt sein Auge mit ihren Blickachsen, seinen Geist mit ihren Denkmalen und Kunstwerken auf Schönheit und Beispielhaftes.

Wie man beim Wörlitz-Besuch binnen einem, zweier oder dreier Tage je nach Wahl den historischen Kern erleben oder das ganze Gartenreich wahrnehmen kann, lässt sich der Besucher am einfachsten von der »Kulturstiftung Dessau-Wörlitz« und der Wörlitz-Information erklären. Ohne Auto kommt man mit einer kleinen Bahn von Dessau in einer guten halben Stunde über das südlich gelegene Oranienbaum ins Städtchen Wörlitz und ist rasch im Zentrum der Parklandschaft, beim Schlossbau am vierarmigen Wörlitzsee. Erinnert die breite Fassade mit dem Säulenvorbau an eine andere, weltbekannte? Wie das – allerdings deutlich größere – »Weiße Haus« in Washington ist das Wörlitzer Schloss im Stil englischer Landhäuser nach Vorbildern des großen Renaissance-Architekten Andrea Palladio erbaut, Architekt war der Freiherr Friedrich Wilhelm von Erdmannsdorff (1736–1800), ein Herzensfreund des Fürsten und Landesherrn Franz. Gemeinsam sind sie durch Europa gereist, nach England und Italien.

Im Umkreis des Schlosses ist die Fülle des Sehenswerten zu erwandern, in fünf Gartenanlagen: die Tempel der Göttinnen Flora und Venus, das Palmenhaus und der Sommersaal, der Sandstein-Sarkophag mit Versen des Dichters Klopstock und, Zeichen religiöser Toleranz des Fürsten, eine Synagoge, die zwar 1938 verwüstet, als Bauwerk aber erhalten wurde, dank eines Gartendirektors mit Zivilcourage. Neben seiner entschiedenen Neigung zum damals neuen, hochmodern italienisch-englisch geprägten klassizistischen Stil förderte Fürst

Franz die Neogotik, aus deutscher Tradition. Prächtigstes Beispiel ist das schön restaurierte »Gotische Haus« mit markantem, weiß hervorgehobenem Spitzbogendekor – als Vorbilder hat man Tudorgotik, eine venezianische Kirche und das historische Breslauer Rathaus ausgemacht.

Noch mehr?

Noch viel mehr gibt's zu entdecken, Kurioses und Schönes, und immer wieder Zeugnisse der Aufklärungs-Epoche und ihres Bildungseifers. So werden die Wörlitzer Wasserwege von 17 Brücken überspannt, deren jede ein Beispiel für eine wichtige Entwicklungsstufe der Brückenbaukunst darstellt. Keine Brücke führt jedoch auf die Rousseau-Insel, ein Inselchen nur, auf dem Fürst Franz das ursprüngliche Grabmal des französischen Aufklärers nachbilden ließ, umstellt von hohen Pappeln.

»Gärtner, Maler, Philosophen, Dichter – geht nach Wörlitz!«, hatte der Fürst von Ligne, selbst ein Gartenschöpfer, seine Zeitgenossen auf das »Gartenreich« hingewiesen. Andere nannten es einen Garten Eden, gar ein »Museum der Weltkultur«. In seinen fast sechzig Regierungsjahren bezog Fürst Franz auch die Nachbarregionen um Schloss Oranienbaum, den Sieglitzer Waldpark und das Landhaus Luisium in den Gesamtplan ein, gründete eine Musterschule, führte als Erster gesetzlich die Kuhpockenimpfung in seinem Land ein, reformierte insgesamt die Landwirtschaft. So fügt sich das »Gartenreich« in die Naturräume des Biosphärenreservats Mittlere Elbe ein, als ein Beispiel geglückten Bemühens um die Harmonie von Natur und Kultur.

UNTER ALTEN LINDEN

Unmittelbar am Rande des »Gartenreichs« liegt das Landhaus Wörlitzer Hof, mit Arkadencafé und Biergarten unter alten Linden und 47 hell eingerichteten Standard- und Komfortzimmern, auch einem Familienappartement und zwei Hochzeitssuiten.
Landhaus Wörlitzer Hof
Markt 96, 06786 Wörlitz
Tel. 03 49 05/41 10, Fax 4 11 22
www.woerlitzer-hof.de
Behindertengerecht

WEITERE INFORMATIONEN ZUM WÖRLITZER GARTENREICH UND ZU DESSAU

Kulturstiftung Dessau Wörlitz
Tel. 03 49 05/40 90, Fax 4 09 30
Websites: www.ksdw.de, www.gartenreich.de, www.zerbst.anhalt.de, www.woerlitz-information.de
Wie der Wörlitzer Park gehören auch die Dessauer Bauhaus-Bauten zum UNESCO-Weltkulturerbe, Walter Gropius entwarf 1925 das 1975/76 restaurierte Bauhausgebäude, bis 1932 war es Zentrum von Architektur und bildenden Künsten.
www.welterbestaetten.de/de/dessau.htm

Wartburgromantik mit Fernblicken über den Thüringer Wald, Erkern und Butzenscheiben. Rechte Seite: Der imposant lang gestreckte, seit dem 12. Jahrhundert erbaute und immer wieder erweiterte Bau mit Palast, Vorburg, Ritterhaus und Vogtei. Rechts unten: Blick in die Ausstellung musealer Kostbarkeiten und in Martin Luthers bescheidenen Arbeitsraum.

20 Sagenefeu um die Wartburg

Sänger, eine Heilige und »Junker Jörg«

Nichts konnte die Phantasie der Romantiker mehr befeuern als die Sagen von Rittern und alter Burgenherrlichkeit. Die schön gelegene Wartburg ist historisch bedeutsam verbunden mit hervorragenden Persönlichkeiten wie keine andere mittelalterliche Ritterburg. So geriet sie ins Fadenkreuz der Sagenerzähler, der Maler und Musiker. Ludwig Bechstein (1801–1860), Sammler von Sagen und Märchen, nannte die Wartburg den »Zentralstern der thüringischen Geschichte ... schmückend klammerte sich grüner Sagenefeu ringsumher an Burgmauern, Felszacken und Höhlengeklüft«.

Der junge Richard Wagner fand den Stoff zu seiner »Tannhäuser«-Oper in Bechsteins Sammlung »Von Eisenach und der Wartburg, dem Hörselberg und Reinhardsbrunn«. Hatte der thüringische Sagenspezialist darin doch erstmals die Sagen vom Sänger Tannhäuser, vom zauberischen Hörselberg der Liebesgöttin und vom »Sängerkrieg« auf der Wartburg zusammengeführt.

Wagner kannte die Wartburg, fand sich noch in den böhmischen Wäldern um die Burg Schreckenstein an sie erinnert, als er am Tannhäuser arbeitete. Mit dem »Tannhäuser« gelang es ihm erstmals, die Musik selbst zum Stoff seiner Opernkunst zu machen: mit den »Sängerkrieg«-Szenen zum Beispiel, auch mit den Romglocken. Und er verwandelte die historischen Figuren des Tannhäusers und der heiligen Elisabeth so, dass sie in das psychologische Konzept passten: des Mannes Tannhäuser, der zwischen irdischem und himmlischem Eros taumelt. Die Dresdner Uraufführung im Oktober 1845 im Königlich Sächsischen Hoftheater in Dresden wurde kein rauschender Erfolg, doch stieg in den folgenden Aufführungen die Begeisterung des Publikums.

»In vieler Hinsicht die ideale Burg«

Man weiß: Sagen sind keine Märchen, sind oft der Geschichte nicht fern. Auch ein Tannhäuser lebte zur Zeit der hl. Elisabeth, der tanhusaere, im Kreuzzug Kaiser Friedrichs II. Umso mehr vermittelt die Begegnung mit der Wartburg, von Eisenach ist es nur eine kleine Wanderung. Im Winter sieht man von

Der Burghof der Wartburg und das Denkmal des Reformators Martin Luther in Eisenach, wo auch im »Lutherhaus« eine Gedenkstätte an Luthers Aufenthalte in Eisenach und auf der Wartburg erinnert.
Rechte Seite oben: Nikolaitor und Nikolaikirche in Eisenach.

den Villen an Eisenachs Hügeln durchs kahle Baumgeäst die Burg. Und doch findet man sich auf dem kurzen Weg durchs Tal und hinauf zur Burg bald von Waldlandschaft umschlossen, am Rande des Naturparks Thüringer Wald. Dieser erstreckt sich bis zum Frankenwald und ist mit seinen mehr als 2000 Quadratkilometern einer der größten Deutschlands. Früh sollte man zur Burg kommen, vor den Reisebussen, vor den Tausendschaften, die bald Höfe und Hallen füllen.

In »vieler Hinsicht die ideale Burg« befand das Welterbe-Komitee der UNESCO, als es 1999 die Wartburg zum »Weltkulturerbe« erklärte. Nach einem letzten steilen Wegstück ins lang gestreckte, hoch ummauerte Burg-Areal eingetreten, erlebt man diese bald tausendjährige Idealburg in gründlich erneuertem Glanz. Generationen von Restauratoren haben an der Wiederherstellung des Mittelalter-Bauwerks aus Feldsteinen und Fachwerk gearbeitet.

Als Goethe hier 1777 als Sächsisch-Weimarer Geheimrat in Amtsgeschäften mehrere Wochen auf der Burg wohnte, fand er sie halbverfallen vor. Der Herzog brachte ihn im Ritterhaus unter, und Goethe schwärmte vor lauter Naturbegeisterung: »Diese Wohnung ist das Herrlichste, was ich erlebt habe«, schrieb er an Frau von Stein, »so hoch und frei, dass man hier nur Gast sein muss, man würde sonst vor Höhe und Fröhlichkeit zunichte werden.« Goethe zeichnete, und seine Blätter wurden für die Burgrestaurierung dokumentarisch wichtig. Goethe setzte sich schon für die Wiederherstellung der Wartburg ein, wollte 1815 auf der Wartburg ein Museum altdeutscher Kunst einrichten. Erst nach Goethes Tod vertraute 1838 Erbgroßherzog Carl Alexander dem Gießener Architekten Hugo von Ritgen den Wiederaufbau an. Für Ritgen wurde es ein Lebenswerk, freilich nicht immer mit dem Anspruch besterreichbarer Geschichtstreue, eher im Zeichen eines romantischen Historismus.

Luther vogelfrei

Heute spiegelt die Wartburg in doppelter Weise ihre Vergangenheit wider: tatsächlich nämlich zwei Vergangenheiten, zum einen die mittelalterliche Baugeschichte, zum andern die nun bald zweihundertjährige Restaurierungsarbeit. Die im 11. Jahrhundert begonnene Burg war bereits 1317 mit wichtigen Teilen einem Großfeuer zum Opfer gefallen, damals wurde unter anderem ein neuer Südturm erbaut. In ihrer Kargheit erlebt man die hohe Stube, in der Martin Luther, vom Wormser Reichstag für vogelfrei erklärt, in nur elf Wochen das Neue Testament übersetzte – unter dem Namen »Junker Jörg« und unter dem Schutz des sächsischen Kurfürsten Friedrichs des Weisen. Kaum zu überschätzen: wie sich die deutsche Hochsprache dank Luthers Bibel ausbreitete. Für Luther war das Dreivierteljahr auf der Wartburg dennoch eine schwierige, auch von Krankheiten belastete Zeit. Mit Briefen konnte er über die religiös-politische Entwicklung Kenntnis bekommen und Einfluss auf die Wittenberger Freunde nehmen, sah sich aber doch einge-

schränkt und wagte im Jahr 1522 die Rückkehr nach Wittenberg.

Im Kontrast zur Lutherstube zeigt sich dagegen das »Landgrafenzimmer«, das vermutlich einer der ältesten Burgräume ist, restauratorisch verfremdet. Denn anders als die Balkendecke und das mittelalterliche steinerne Säulenkapitell zeigen die 1854 von Moritz von Schwind gemalten Wandbilder unverkennbar die malerische Handschrift des 19. Jahrhunderts. Ähnliches gilt für den Sängersaal. Die Elisabethkemenate erinnert an die ungarische Prinzessin, die 1221 mit dem Landgrafen Ludwig IV. vermählt wurde und nach dem Beispiel des hl. Franziskus von Assisi in asketischer Armenhilfe lebte. Die reichen Mosaikbilder der Kemenate stammen jedoch aus dem frühen 20. Jahrhundert, ein Geschenk Kaiser Wilhelms II.

Die Gegenwart vieler Zeiten kann auch Entferntes zusammenführen, an einem für die deutsche Geschichte, Musik und Kunst so prominenten Platz wie der Wartburg. Mit ihrem Wartburgfest für einen deutschen Nationalstaat setzten 1817 ein halbes Tausend Studenten ein solches Zeichen, machten erstmals deutlich, dass diese thüringische Burg ein Symbol deutscher Geschichte werden sollte. Das bestätigte sich 1990 im ersten Jahr der Wiedervereinigung, als in einem »absoluten Ansturm« 776 000 Besucher auf die Wartburg drängten.

Wer die Waldlandschaft südlich der Wartburg nicht nur im großen Panoramablick über Täler weit und Höhen wahrnehmen möchte, kann eine Wanderung nach Schloss Wilhelmsthal unternehmen. Auf dem Wartburgpfad nah der Bundesstraße 19 (»Klassikerstraße«) gelangt man bald zwischen die engen Felswände der Drachenschlucht. Parallel dazu weiter westlich geht's durch Hochwald ganz ungestört auf dem Werra-Burgen-Steig und Rennsteig, die Wege treffen sich bei der »Hohen Sonne«, wo rustikale Tische warten. Wieder auf zwei verschiedenen Wegen kommt man zum Schloss Wilhelmsthal aus dem frühen 18. Jahrhundert, mit einem Ruderbootteich und steinernen Gartenvasen. Nur ein Projekt, weil übergroß blieb der Plan des großen Parkgestalters Fürst Pückler-Muskau, einen Landschaftspark von Wilhelmsthal bis zur Wartburg anzulegen.

RENOVIERTE VILLA MIT SCHICKEM DESIGN

Angenehm ruhig, nicht weit vom Prinzenteich und günstig zur Wartburg findet sich im ruhigen Eisenacher Villenviertel das Hotel Villa Anna, ein sorgsam renoviertes Haus mit schick modernem Design.

Hotel Villa Anna
Fritz-Koch-Straße 12, 99817 Eisenach
Tel. 0 36 91/2 39 50, Fax 23 95 30
www.hotel-villa-anna.de

WEITERE INFORMATIONEN ZUR WARTBURG

Tel. 0 36 91/7 92 30, Fax 0 36 91/79 23 20
Websites: www.eisenach.de, www.schaetze-der-welt.de, www.wartburg-eisenach.de, www.burgenperlen.de, www.deutsche-burgen.org, www.luther.de

Heimatstadt deutscher Klassik an der Ilm, sorgsam restauriert. Mitte: die Steinbrücke beim Weimarer Schloss. Unten: das hochidealistische Freundschaftsdenkmal für Goethe und Schiller vor Weimars Theater. Rechte Seite: Goethes Wohnung der ersten Weimarer Jahre, das Gartenhaus im Ilmpark. Rechte Seite unten: Jugendliche Damen und alte Klassiker.

21 Weimar, Goethe, Weltkultur

Kraftort im grünen Tal der Ilm

Museen und Schlösser, Dichterwohnungen und Gedenkstätten haben die 63 000 Einwohner Weimars in ihrer einstigen Residenzstadt fast übergenug. Auch eine kostbare Bibliothek, die 2004 um Haaresbreite von einem nächtlichen Brand ganz vernichtet worden wäre, inzwischen geht der Wiederaufbau voran. Poesie und Weisheit deutscher Klassik haben in Weimar wie nirgends sonst ihre Pilgerstätten und Tempel. Elf davon erklärte die UNESCO zum »Weltkulturerbe«. Darunter nicht weniger als vier Parklandschaften.

Es trägt zur Stadtbildschönheit, ja: zum Charme Weimars bei, dass ein bescheidenes Flusstal als grüne Achse etliche der klassischen Stätten verbindet. Und nicht genug kann man die Weimarer und ihre Stadträte loben. Dafür nämlich, dass sie sich in und um diesen lieblichen Talgrund gegen die begreiflichen Begehrlichkeiten von Bauherren jeglicher Art widerstandsfähig, wenn schon nicht immun erwiesen, über die Jahrhunderte hin. So unterblieben zahllose Bausünden, und der Weimar-Besucher kann sich längs der Ilm in eine Stadtrandlandschaft um 1800 versetzt fühlen.

Ein junger Herzog und sein Frankfurter Freund

In Weimar, Hauptstädtchen des Herzogtums Sachsen-Weimar mit 6000 Einwohnern, hat um 1760 eine junge Witwe das Sagen. Anna-Amalia, geboren 1739 als Braunschweig-Wolfenbütteler Prinzessin, verehelicht als Weimarer Herzogin, schon als 20-jährige verwitwet und Regentin, beruft Geistesgrößen wie Christoph Martin Wieland an ihren Hof und macht Weimar schon zweieinhalb Jahrhunderte vor der UNESCO zu einer europäischen Kulturstadt.

Als Anna-Amalias Sohn Carl August 1775 die Regentschaft übernimmt, reist er zuerst nach Darmstadt zur Hochzeit mit Luise, Prinzessin von Hessen-Darmstadt, und macht auf dem Rückweg Station in Frankfurt, wo er den neun Jahre älteren Goethe schon im Jahr zuvor kennen gelernt hat. Zwischen den beiden jungen Herren, dem Herzog und dem Poeten, wächst rasch Sympathie. Goethe ist bereits berühmt, als Dichter des »Werther« und des »Götz von Berlichingen«-Dramas. Carl August damals über

Schiller
Der Geisterseher
Geschichte des Dreißigjährigen Kriegs
Goethe
Schiller
Balladen

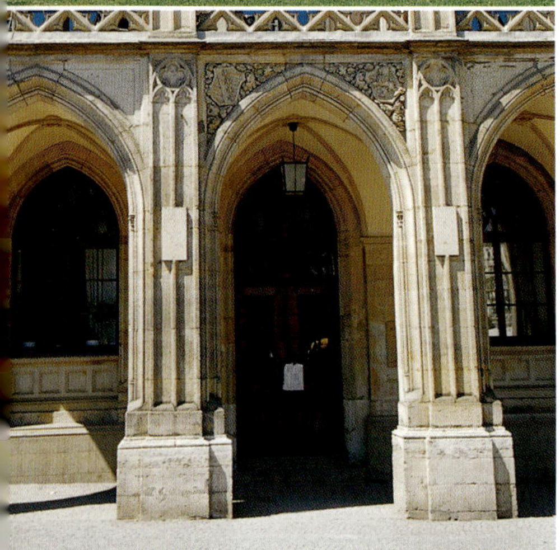

Weimar-Ansichten, oben: im Ilmpark, Mitte: die Vorhalle des Rathauses, unten: Touristengefährt am Frauenplan. Rechte Seite: Im Goethe-Haus am Frauenplan, Geschenk des Herzogs an den berühmten Freund, der Platz für seine Sammlungen brauchte: Bücher, Mineralien, Bilder, Skulpturen, Manuskripte. Rechte Seite außen: Bauhaus-Museum.

Goethe: »Er spricht viel, gut, besonders, original, naiv und ist erstaunlich amüsant und lustig.« Carl August ruft Goethe an seinen Hof, der zögert, stimmt doch zu, gegen die Vorbehalte seines Vaters, es gibt noch ein Missverständnis, fast reist er nach Italien ab – aber dann nach viertägiger Kutschfahrt kommt Goethe mit seinem Diener Philipp Seidel und einem Hofmann in Weimar an, am 7. November 1775, um fünf Uhr früh.

Ein halbes Jahr später schenkte der junge Herzog seinem Freund und Berater das Gartenhaus im Ilmtal – inoffiziell, im Kaufvertrag über Garten und Gartenhaus »nebst allem, was darinnen erd-, wand-, band-, nied- und nagelfest ist« steht Goethe als Käufer. Sechs Jahre lang wohnte er dort mit seinem Diener, kehrte auch in seinen späten Jahren vom Haus am Frauenplan immer wieder ins Gartenhaus zurück. Kommt man heute von der Sternbrücke am Stadtschloss in den gepflegten Ilmpark hinab, kann man sich die grüne Wildnis vorstellen, in die Goethe einzog. Oder ebenso richtig: sich zurückzog. So intensiv Goethe an der Seite des jungen Herzogs tätig war, er tat sich schwer mit den Gewohnheiten der Hofgesellschaft, suchte Zuflucht in der Natur. Da hatte sein Dienstherr mit dem Gartenhaus gerade die rechte Wahl getroffen.

Fast alles sollte im kleinen Herzogtum modernisiert und reformiert werden, und der Frankfurter Großbürgersohn packte mit Bravour zu – »wär's auch nur auf ein paar Jahre, ist doch immer besser als das untätige Leben zu Hause«, wo ihn seine Anwaltstätigkeit anödete. Schon im Juni 1776 avancierte er zum Mitglied des vierköpfigen Geheimen Rats, konnte den Titel Geheimer Legationsrat führen und hatte die Funktionen eines Ministers – bald war er zuständig für Bergbau, Forst- und Landwirtschaft und auch fürs Militär. Das verminderte er, der Kosten wegen. Und fand dann auch noch Zeit für die Obstbäume in seinem Garten und für die Anlage eines Landschaftsparks im Ilmtal, gemeinsam mit dem Herzog Carl August. Ihr Vorbild war der neue Wörlitzer Park des jungen Fürsten Franz von Anhalt-Dessau.

Gedenken an Glück und Geliebte

Mehrere Park-Denkmale, die auf Goethes Zeit zurückgehen, sind erhalten geblieben. Im Jahr 1777 setzte er den »Stein des guten Glücks« in seinen Garten, mit der Schlusszeile: »… bleibe mir Denkmal des Glücks, dir allein verleih ich die Stimme. Wie unter der Menge einen die Muse sich wählt, freundlich die Lippen ihm küsst.« Auf Goethes Initiative entstanden auch der Schlangenstein – nicht als Zeichen der Erbsünde, sondern als Schutz- und Heilszeichen wie am Stab des antiken Gottes Asklepios – und die Felsentreppe oberhalb der kleinen Ilmbrücke, zur Erinnerung an die von ihrem Geliebten verlassene Christel von Laßwitz, die mit einem »Werther«-Exemplar ertrunken, in der Ilm aufgefunden worden war. Über die schmale Felsentreppe hatte Goethe den kürzesten Weg zu Frau von Steins Stadtwohnung an der »Ackerwand« (den viel weiteren Weg hinaus zu ihrem Sommer-

sitz Kochberg ist er einmal, steht in einem der Briefe an sie, in vier Stunden gelaufen, eine 28-Kilometer-Strecke).

Von der italienischen Reise gerade erst vier Wochen zurückgekehrt, enttäuscht von der Wiederbegegnung mit Frau von Stein, traf Goethe im Ilmtal erstmals Christiane Vulpius. Im Gartenhaus begann die dauerhafte Zweierbeziehung, die ein Drittel von Goethes Lebenszeit bestand, von 1788 bis zu Christianes Tod 1816. Die Hofgesellschaft war mehrheitlich ebenso lang dauerhaft empört über die »nicht standesgemäße«, erst spät ehelich sanktionierte Wahl Goethes. Der Herzog jedoch hielt zu seinem Freund, stand auch Pate bei dem erstgeborenen Sohn August.

Dem Netzwerk der Lebensorte und Beziehungen kann man weiter durchs Ilmtal vom Gartenhaus hinaus zum bescheidenen, landhausähnlichen Schloss Tiefurt folgen, wo Carl Augusts Mutter Anna-Amalia die Sommermonate genoss. Oder in der Gegenrichtung die Ilm entlang zu den Dörfern Oberweimar und Ehringsdorf und über die Belvedere-Allee zum herzoglichen Schloss Belvedere.

Die Stätten des UNESCO »Weltkulturerbes« in Weimar

Historischer Friedhof mit Fürstengruft – Goethes Wohnhaus – Schillers Wohnhaus – Stadtschloss – Anna-Amalia-Bibliothek – Stadtkirche St. Peter und Paul – Herders Wohnhaus und Altes Gymnasium – Goethes Gartenhaus und Garten – Park an der Ilm und Römisches Haus – Schloss, Orangerie und Schlosspark Belvedere – Schloss und Schlosspark Tiefurt – Schloss und Schlosspark Ettersberg

ROMANTIK PUR

Am Stadtrand in Richtung Schöndorf, schon im Feldergrün liegt der Dorotheenhof, ehemals das Landhaus des Rittmeisters Carl von Kalckreuth, heute »Romantik Hotel« mit vielerlei Komfort in 60 behaglich eingerichteten Zimmern, mit stimmigem Restaurantgewölbe und gepflegter Küche. »Schöndorf-Suite« mit eigener Sauna.

Dorotheenhof
Dorotheenhof 1, 99427 Weimar
Tel. 0 36 43/4 59-0, Fax 4 59-2 00
www.dorotheenhof.com

WEITERE INFORMATIONEN ZU WEIMAR

Tourist Information Weimar
Tel. 0 36 43/74 50, Fax 74 54 20
Websites: www.weimar.de, www.weimar-klassik.de, www.naturparkreisen.de

22 Mit Goethe zu den Dornburger Schlössern im Saaletal

»Die Aussicht ist herrlich und fröhlich«

Das Wort Wandervogel gab es noch nicht, aber wie die Wandervögel zogen die jungen Herren der Hofgesellschaft im Juli 1777 ins Saaletal: Herzog Carl August von Weimar, sein Bruder, der mainzische Statthalter von Dalberg, Goethe, damals gerade 28-jährig, berühmt als Autor des »Werther« und des »Götz von Berlichingen«, sein Freund Knebel und die Brüder Einsiedel. An den Felsen der Kunitzburg wurde geklettert, im strömenden Regen wanderten sie zurück zu den Dornburger Schlössern. Genächtigt wurde auf Strohlagern im Rokokoschloss – ein Schlafquartier, wenn auch nicht gerade herrschaftsmäßig.

Drei Schlösser stehen auf dem Hügelkamm über der Saale bei Dornburg: das Alte Schloss, ein Renaissanceschloss, ein Rokokoschloss. Von der noch älteren ottonischen Burg ist nichts mehr übrig geblieben als wohl der Unterbau des heute etwa 20 Meter hohen Bergfrieds. Urkunden – die älteste von Poppo, Kanzler Ottos I., 937 gezeichnet – bezeugen Dornburgs Rolle als Reichsburg, in der sich im 10. und 11. Jahrhundert viele deutsche Herrscher aufhielten. Erst um 1500 entstand an gleicher Stelle das »Alte Schloss«, es war später Witwensitz der Weimarer Herzogin Anna Maria. Das ansehnliche Renaissanceschloss, ursprünglich erbaut von einem Landadeligen, ging durch die Hände mehrerer Besitzer, erst 1824

Früh, wenn Tal, Gebirg und Garten
Nebelschleiern sich enthüllen,
Und dem sehnlichsten Erwarten
Blumenkelche bunt sich füllen,
Wenn der Äther, Wolken tragend,
Mit dem klaren Tage streitet,
Und ein Ostwind, sie verjagend,
Blaue Sonnenbahn bereitet,
Dankst du dann, am Blick dich weidend,
Reiner Brust der Großen, Holden,
Wird die Sonne, rötlich scheidend,
Rings den Horizont vergolden.

Johann Wolfgang von Goethe 1828

Die Dornburger Schlösser waren auf ihrem rund 100 Meter hohen Felsmassiv lange vom Verfall bedroht. Jetzt sind sie wiederhergestellt, voran das Rokokoschloss (oben und rechte Seite) und das Renaissanceschloss (unten), wo man in das rekonstruierte Goethe-Ambiente von 1828 eintreten kann.

erwarb es der Großherzog Carl August . Dorthin zog sich der fast achtzigjährige Goethe 1828 für Monate zurück, nachdem er in Weimar die Trauerfeierlichkeiten für den am 14. Juni verstorbenen Freund Carl August vorbereitet hatte. An den Zeremonien wollte Goethe nicht teilnehmen, manche verübeln ihm das bis heute. Nach der Wiedervereinigung ist das Renaissanceschloss insgesamt, das Rokokoschloss im Innern schön restauriert worden, auch das Alte Schloss ist instand gesetzt und wird von der Universität Jena genutzt. Auf der schmalen Terrasse vorm Renaissanceschloss kann man speisen, unterm Dach auch übernachten, wenn man auf die Dusche im Zimmer verzichten mag.

Wandern im Zeichen Goethes

Vorschlag für eine Dornburg-Wanderung im Zeichen Goethes: Rechtzeitig am Nachmittag ankommen, um die Schlösser und speziell die wiederhergestellten Zimmer seines Aufenthaltes von 1828 zu besichtigen. Reist man mit der Bahn an, hat man die Höhe über dem Tal zu ersteigen, auf schönem ausgeschildertem Waldweg. Den gleichen Weg steigt man am Morgen hinab, quert die Bahngleise und wandert südwärts durch das Dorf. Hähne krähen, die Kleingärten mit Malven und Sonnenblumen bleiben zurück. Eine weißblauweiße Markierung führt den Waldpfad hinauf in die Stille, Ausblicke zu den Dornberger Schlössern an ihrer Steilkante und auf die baum- und buschumsäumte Saale öffnen sich. Auf dem schattenlosen Hang kann es heiß werden, doch der Hochwald nimmt die Wanderer wieder auf. Im Kreuz und Quer der Forstwege auf die Markierung achten! Ein Picknickplatz lädt an seine Tische, ein kurzes Wegstück weiter steht seitlich ein Totenmal für die Opfer des Krieges 1914–18: »In unsere Spiele/ brach der Krieg …«.

In Golmsdorf kann man im »Gasthof zum Gleistal« einkehren, steigt dann auf der anderen Talseite durch die Felder wieder bergan, Apfelbäume säumen den Weg. Über den Mauern der Kunitzburg ziehen Habichte und manchmal auch Modellflugzeuge ihre Runden. Vom Rest des Palas auf dem Bergsporn schaut man durch eine Fensternische auf Kunitz hinunter und nach Jena hinüber. Schon um 1500 war die Reichsburg eine Ruine. Wenn man Glück hat, bieten die »Freunde der Kunitzburg« gerade eine Erfrischung an. Der Weg zur Stadt Jena zöge sich noch hin, in Zwätzen startet die Straßenbahn.

AUF GOETHES SPUREN

Im Renaissanceschloss, wo Goethe wohnte, werden einige Pensionszimmer mit schönem Ausblick im Oberstock vermietet (Bad am Gang), mit Frühstück. Auch Restaurant mit Thüringer Küche, Schlosscafé und historische Gartenführung mit Musik.
Tel. und Fax 03 64 27/70 4 19
(Margit Scheffel + Harald Janotta. Markt 26, 07778 Dornburg)

WEITERE INFORMATIONEN ZU DEN DORNBURGER SCHLÖSSERN

Dornburg Tourist
Tel. 03 64 27/2 09 34, Fax 7 55 98
Jena Tourist Information
Tel. 0 36 41/49 80
Websites: www.jena.de, www.jena.de/tourism/deutsch/dornburg.htm, www.dornburger-schloesser.de/geschichte
Die Schlösser sind von November bis Ende April geschlossen.

23 Dresdens Elbpanorama, wieder erstanden

Wo Kurfürsten und Könige die Künste liebten

Was Bürger für ihre Stadt tun können, das zeigt die Rückkehr der prachtvoll barocken Kuppel der Frauenkirche in die Stadtsilhouette. Eine Bürgerinitiative stand 1991, sehr bald nach der Wiedervereinigung Deutschlands, am Anfang des Wiedereraufbaus dieser einst größten Barockkirche einer protestantischen Gemeinde. Jahrzehntelang hatte an der Stelle der Kirche ein riesiger Schutthaufen an den Bombenangriff auf die mit Flüchtlingen überfüllte Stadt gemahnt.

Ein halbes Jahrhundert nach der grauenvollen Nacht vom 13. zum 14. Februar 1945 suchten die Dresdner Bauleute Stein um Stein aus dem Trümmerberg, ordneten sie den Gebäudeteilen von einst zu, wo immer möglich, bezeichneten sie. Wer diesen unter freiem Himmel ausgebreiteten Trümmerstein-Tresor gesehen hat, vergisst ihn nicht, und auch nicht seine Geschichte.

Tausende Menschen rund um die Erde halfen und helfen den Dresdnern mit ihren großzügigen Spenden. Chronik-Höhepunkte aus den letzten Jahren:
Im April 2003 glückte nach dem ersten misslungenen Guss der zweite, dem Einläuten der insgesamt sieben Glocken am 7. Juni lauschten etwa 40 000 Menschen. Im April 2004 wurde der letzte Stein verbaut, der Steinbau der Kirche war vollendet, mehr als eine Million Sandsteine. Im Juni 2004 konnte die 28 Tonnen schwere Kupferhaube auf die Turmlaterne gesetzt werden.

Seit dem 1. Februar 2005 können Besucher von einer Aussichtsplattform in 67 Metern Höhe auf »Elbflorenz« blicken, im selben Monat wurde die wieder aufgebaute Frauenkirche in die internationale »Nagelgemeinschaft« aufgenommen: Der Dompropst von Coventry übergab ein Kreuz aus Nägeln der 1940/41 von deutschen Bombern zerstörten Kathedrale seiner Stadt, als Zeichen der Versöhnung. Im September 2005 feierten die Dresdner die Weihe ihrer wieder erstandenen Kirche. Durch die weitgehende Verwendung der historischen Bausubstanz wird ihr Schicksal der Zerstörung weiter ablesbar bleiben. Nie zuvor hatten die Deutschen ihr Verbundensein mit dem Schicksal eines Bauwerks und einer Stadt mit so viel Spenden bekräftigt.

Mitte: Die großartige Spendenleistung für den Wiederaufbau der Frauenkirche stellte die Stadtsilhouette in ihrem Kern wieder her.
Unten: Die Zigarettenfabrik Yenidze setzte eine orientalische Kuppel in die barocke Architektur Dresdens.
Rechte Seite: Vor dem Schloss: der Architekt Gottfried Semper.

GOTTFRIED
SEMPER

Oben: Mit 1 PS vor der Hofkirche.
Mitte: Detail des »Fürstenzugs«, um 1875 auf 25 000 Porzellanfliesen gemalt.
Unten: Schiffsausflug auf der Elbe.
Rechte Seite: Die berühmte Semperoper, einst das Königliche Hoftheater, das Gottfried Semper 1838–41 erbaute.
Rechte Seite außen: Die Kuppel der neuen Frauenkirche.

Dresden – wie die Schönheit wuchs

Der schöne Schwung eines Flusses vermag manches. Wie die Elbe von Osten in die Stadtlandschaft Dresdens einströmt, sich in weit gespannter Doppelkurve nach links, nach rechts und wieder nach links und wieder nach rechts wendet, das hat Großzügigkeit, kann die Phantasie von Architekten animieren (auf der Karte ähnelt die Flussfigur einem weit geschwungenen M). In Dresden entstand an der ersten Flusskurve die Brühlsche Terrasse. Premierminister Heinrich Graf von Brühl, selbst potenter Kunstsammler, beschrieb unverblümt die Motive seines Königs Augusts III. und dessen Vorgängers Augusts des Starken: Die sächsischen Kurfürsten und Könige erwarben über ihre Agenten in ganz Europa Kunst im großen Stil, damit »das Lüstre des sächsischen Hofes denn Gesandten und anderen ansehnlichen Fremden recht in die Augen leuchten möge«.

Tatsächlich stieg Dresden in der ersten Hälfte des 18. Jahrhunderts mit noch heute atemraubender Geschwindigkeit »zur ersten Kunststadt des Nordens« auf (so der Antikenkenner Johann Joachim Winckelmann). Die ersten hundert Jahre nach dem Wechsel der Wettiner von ihrer alten Residenz Meißen zur neuen Residenz Dresden (1485) war zwar schon rege gebaut worden, Stadtmauer, Schloss und Jägerhof. Notzeiten folgten: der Dreißigjährige Krieg und dessen Nachkriegszeit. Wie dann August der Starke (August II., reg.1694–1733) kreativ daran ging, seiner Residenz den Status einer europäischen Metropole zu geben, machte ganz Europa staunen.

Selbst im prachtsüchtigen Barock war eine Festarchitektur wie der Dresdner Zwinger ein Unikat. Man soll nicht nur die Monarchen nennen, soll auch an die Architekten erinnern, die Augusts des Starken Ideen realisierten. Voran der Westfale Matthäus Daniel Pöppelmann, der schon seit 1686, also vor Augusts Regierungsantritt am sächsischen Hof arbeitete. Ohne seine Bauten wäre Sachsen architektonisch deutlich ärmer: ihm sind der Zwinger und der Umbau des Japanischen Palais (auch »Porzellanschloss« genannt), dazu die Schlösser Pillnitz und Großsedlitz und als Spätwerk die Augustusbrücke zu verdanken. In Warschau (die sächsischen Kurfürsten August II. und August III. waren in Personalunion Könige von Polen) baute Pöppelmann das Königliche Schloss und das Sächsische Palais.

Pöppelmann sparte nicht an Pracht und Vergoldung. Doch den meisten seiner Bauten im Übergang vom Barock zum Rokoko ist eine schöne Grazie eigen, solide, doch ohne den überschweren Prunk so mancher Barockarchitektur. Zu den Baumeistern, die August der Starke nach Dresden rief, zählten die Franzosen Zacharias Longuelune und Jean de Bodt sowie Georg Bähr aus dem Erzgebirge. Bähr, vor allem wegen seiner Kirchenbauten bekannt, schuf auch die Dresdner Frauenkirche (1726–33) mit ihrem von sieben Emporengeschossen umgebenen ovalen Zentralraum. Es war seine Idee, die Kuppel vollständig in Stein zu wölben.

Reichtum der Gemälde und der Musik

Nie wird Dresdens Altstadt ihr organisch gewachsenes Bild wiedergewinnen, auch wenn mit allem Eifer, aller Sorgfalt die repräsentativen Bauten wiederhergestellt werden. Doch der Zusammenhang von Elbstrom und dem Zentrum dieser Bauten wächst Zug um Zug, von der Carolabrücke bis zur Marienbrücke, vom Brühlschen Garten bis zum Zwingerteich. Mehr und mehr deckt sich die wiederhergestellte architektonische Wirklichkeit mit den wunderbar klaren Dresdner Veduten des Bernardo Belotto, genannt Canaletto, aus dem 18. Jahrhundert.

Im 19. Jahrhundert kam freilich noch Bedeutendes zu diesem Ensemble hinzu, voran die Bauten des gebürtigen Hamburgers Gottfried Semper (1803–79), des Erneuerers einer italienischen Renaissance-Ästhetik klarer Formen. Semper lehrte von 1834–49 in Dresden und baute erst das Hoftheater, die »Semperoper«, dann die Synagoge und die Sempergalerie. Die Dresdner Museumslandschaft ist enorm reich an Hauptwerken europäischer Kunst. Auch sie brauchte mutige Retter, am Ende des Zweiten Weltkriegs wie bei der Flut des Jahres 2002, als das Elbwasser manches Meisterwerk überflutete.

Zeitgleich mit der Industrialisierung begannen im 19. Jahrhundert die Villenviertel um die Stadt zu wachsen (Loschwitz, Blasewitz und im Weißen Hirsch), und zu Anfang des 20. Jahrhunderts entwarf der Münchner Richard Riemerschmid die Gartenstadt Hellerau, Beispiel lichten Wohnens. Dresdens Umgebung in der hügeligen Landschaft zwischen der Sächsischen Schweiz und Meißen hat ihre eigene Schönheit, besonders dort, wo die freundlichen Vororte sich an den Hängen über der Elbe ausbreiten. Wieder wie vor Zeiten verkehren auf der Elbe Panoramaschiffe und historische Raddampfer.

RUHIG UND ZENTRAL

Wenige Minuten von dem markanten Brückenbauwerk »Blaues Wunder«, in einer der angenehmsten Wohngegenden Dresdens bietet das Hotel Am Blauen Wunder ruhige Zimmer und im Restaurant »Culinario« italienische Küche. Als Radler kommt man auf dem Elberadweg (Leihräder) ohne Stau und Lärm ins historische Zentrum.

Hotel Am blauen Wunder
Lockwitzer Straße 48, 01309 Dresden
Tel. 03 51/3 36 60, Fax 3 36 62 99
www.hotelamblauenwunder.de

WEITERE INFORMATIONEN ZU DRESDEN

Dresden-Werbung und Tourismus GmbH
Tel. 03 51/49 19 21 00, Fax 49 19 21 16
Websites:
www.dresden.de,
www.dresden-tourist.de,
www.frauenkirche-dresden.com,
www.wiederaufbau-Frauenkirche.de

24 Nationalpark Sächsische Schweiz – und mehr

Staunenswerte Kletterfelsen

Wieso sind unter den Sachsen so hervorragende Alpinisten? Weil die besten Kletterfelsen direkt vor Dresdens Toren zu finden sind. Elbsandsteingebirge heißt die Gegend prosaisch, und zwischen den bizarren Felsentürmen führen 1200 Kilometer Wanderwege in kühle, feuchtgrüne Täler, auf die Felsentürme sind – man glaubt es kaum! – 1600 Klettersteige ausgewiesen. Welch vogelflughohe Aussicht von den etwa 200 Meter hohen Basteifelsen auf das Elbtal! Und welch staunendes Aufblicken von den Elbschiffen der »Weißen Flotte« hinauf in die Höhe!

Mitte: Mit der Kirnitzschtalbahn reist man zum Lichtenhainer Wasserfall. Unten: Rastplatz inmitten der Kletterfelstürme. Rechte Seite: Abendlicher Genuss-Ausblick von der Bastei über das Flusstal. Rechte Seite außen: Eine Säule im Elbsandsteingebirge mit Heroen-Namen: die »Große Herkulessäule«. Rechte Seite unten: Festung Königstein.

Insgesamt umfasst der 1990 gegründete Nationalpark nur 93 Quadratkilometer, ergänzt von 275 Quadratkilometern eines Landschaftsschutzgebietes. Der kleinere Teil des Nationalparks erstreckt sich westlich von Bad Schandau, der größere Teil östlich von Bad Schandau bis zur tschechischen Grenze, dort ragen rau die Schrammsteine mit dem schroffen Dreifingerturm. Der Naturliebhaber begegnet seltenen Pflanzen und Tieren, mit Glück dem Luchs, Schwarzstorch und Eulenvögeln.

Geologisch reicht die Herkunft des Elbsandsteingebirges bis in die Kreidezeit zurück, als das ganze Gebiet unter einem Meer lag. Ablagerungen von Sand und Ton über Jahrmillionen versteinerten. Als eine gewaltige Hebung des Meeresgrundes das Meer ablaufen ließ, blieb eine rund 600 Meter starke Sandsteinplatte übrig. Die Elbe in wechselnden Strombetten und kleinere Flüsse begannen das Werk der Erosion. So entstand aus zahllosen Rinnen, Klüften und Schluchten jene Landschaft aus Felstürmen und Tafelbergen, die im 19. Jahrhundert »Sächsische Schweiz« getauft wurde. Jenseits der Grenze heißt sie dann »Böhmische Schweiz«.

Exkursion in die Oberlausitz: Burg Stolpen

Außer Sandstein kommen auch Granit und Basalt in der Sächsischen Schweiz vor. Die interessantesten Basaltgebilde findet man aber ein Stück nordwestlich

bei dem Städtchen Stolpen. Der Name leitet sich von dem Sorbischen »Stolpy« her, und das heißt »Säulen«. Man spricht auch von den »Stolpener Orgelpfeifen«. Ob Säulen oder Orgelpfeifen, beides meint die Basaltstrukturen von erstaunlich ebenmäßigen dicht an dicht gefügten polygonalen Säulen. Die Burg Stolpen ist auf einer solchen dunkelrötlich braunen Basaltkuppe errichtet.

Ist schon der Aufstieg zum Burgtor interessant, so erfährt man bei der Burgbesichtigung Aufschlussreiches über das Schicksal der Gräfin Anna Constanze Cosel (1680–1765), die gegen ihren Willen fast fünfzig Jahre in den Mauern der Burg Stolpen lebte. Warum? Sie war als junge Frau die Geliebte Augusts des Starken und hatte gewagt, mit großem Selbstbewusstsein aufzutreten, wohl auch gegenüber ihrem Geliebten kritische Worte riskiert. Das genügte dem Kurfürsten, sie lebenslang einzusperren.

Näher am Nationalpark liegt die Festung Königstein, ursprünglich in böhmischem Besitz, wurde sie seit der Mitte des 15. Jahrhunderts von den Wettinern übernommen. Die sächsischen Kurfürsten und Könige bewahrten hier sowohl ihre Schätze wie prominente Gefangene auf. Der Alchimist Böttger, dem zwar die Porzellanherstellung, aber nicht das Goldmachen gelang und der überdies mit Berliner Interessenten über das Porzellangeheimnis korrespondierte, saß ebenso ein wie der russische Anarchist Bakunin, der Sozialdemokrat Bebel und der Dichter Wedekind.

Sehenswürdigkeiten ohne derart traurige Beispiele monarchischer Gewalt bietet Bad Schandau. Fast könnte sich das Kurbad eine Renaissancestadt nennen. Renaissancebauten sind der Alte Brauhof und das wappengeschmückte Alte Stadthaus. Von besonderer Kostbarkeit ist der aus Sandstein und Halbedelsteinen um 1575 geschaffene Renaissancealtar von Hans Walther. Er war für die Kreuzkirche in Dresden bestimmt, 1927 kam das Altarwerk aber nach Bad Schandau. Wer doch wieder auf Natur aus ist, erkundigt sich nach der Kirnitzschtalbahn. Schon seit 1898 bringt sie Besucher der Sächsischen Schweiz zum Lichtenhainer Wasserfall.

GÜNSTIG GELEGEN

Eine günstig gelegene Bleibe in Bad Schandau ist das Hotel Ostrauer Scheibe garni.

Hotel Ostrauer Scheibe

Alter Schulweg 12, 01814 Bad Schandau-Ostrau (Richtung Smilka)

Tel. 03 50 22/48 80, Fax 4 88 88

info@ostrauer-scheibe.de

WEITERE INFORMATIONEN ZUM ELBSANDSTEINGEBIRGE

Tourismusverband Sächsische Schweiz

Tel. 03 50 22/49 50, Fax 4 95 33

Bad Schandau – Haus des Gastes

Tel. 03 50 22/9 00 30, Fax 03 50 22/9 00 34

Websites: www.saechsische-schweiz.de

Mitte: Moseldampfer – im Linienverkehr wie auf Rundreisen unterwegs unter zumeist steilen und sehr steilen Weinbergen. Unten: Stattliches Rathaus in der Weinstadt Cochem, nah der großen Moselschleife »Cochemer Krampen«. Rechte Seite: Teleobjektiv-Blick auf die tief in Waldgrün eingebettete Burg Eltz auf ihrem rund 70 Meter hohen Fels.

25 Das Moseltal und Burg Eltz

Weinberge und andere Kulturschätze

Die Mosel ist Europäerin, kommt aus Frankreich und Luxemburg und hat eine alte römische Vergangenheit. Sie windet sich kräftig in vielen Schleifen durch das Schiefergebirge, macht sich ihren Weg von Trier nach Koblenz doppelt so lang, wie ein Vogel ihn fliegen kann. Ihre letzte enge Flussschleife legt sie bei Cochem, das für die Moselbesucher ein Hauptanziehungspunkt ist. 1,5 Mill. Tagesgäste kommen im Jahr hierher zu Besuch, und doch strahlt der Ort eine freundliche Gemütlichkeit aus.

Vielleicht, weil er so brav geduckt unter dem steilen Berg der Reichsburg liegt. Die ist beileibe nicht mittelalterlich, sondern im 19. Jahrhundert von einem Berliner Burgenschwärmer, einem Eisenbahn-Industriellen neu aufgebaut worden. Lange vorher hatte der General des französischen Sonnenkönigs, Vauban, sie im Jahr 1689 zerstört. Heute gehört die Burg der Stadt und ist Museum. Cochem ist mit seinen schmalen ansteigenden Gassen, Toren, Zinnen und Fachwerkhäusern einer der attraktivsten Moselorte.

Ihre Namensliste liest sich wie eine Sammlung von Weinetiketten. Den Fluss entlang tragen die besten Lagen mit Ortsnamen verbundene poetische Bezeichnungen:
Ürziger Würzgarten, Erdener Treppchen, Piesporter Goldtröpfchen, Trittenheimer Altärchen, Bernkasteler Doktor, Longuicher (von Longus vicus, = Langdorf) Herrenberg, nur Kröv hat seinen Nektar unpoetisch-derb verzerrt.

Der Moselwein verdankt seine erlesene Qualität dem Schieferboden, den steilen Hängen, auf die die Sonnenstrahlen senkrecht aufprallen, und dem Fluss, der die Wärme zurückspiegelt. Die feinen Rieslingweine, in bergsteigerisch mühsamer Weise am Steilhang gewonnen, haben als Kostbarkeit ihren Preis (in bequemeren Lagen baut man auch den weniger aufwändigen Müller-Thurgau an, an der Obermosel wird noch der Elbling, eine sehr ursprüngliche Traube, geerntet). Die Leute kommen an die Mosel, um die abwechslungsreiche Fluss-Berg-Landschaft zu Schiff oder per Fahrrad zu erleben, nicht nur wegen der edlen Tropfen, sondern zuallererst wegen der Schönheit der Ortsbilder und der kulturellen Tradition.

Oben: Rieslingweine von der Mosel, früher oft zu süß ausgebaut, bringen längst wieder fein abgestimmte Spitzenqualitäten. Mitte: Noch ein Blick auf Cochem, wo die Eisenbahnschienen in einem Vier-Kilometer-Tunnel unter Stadt und Weinbergen verlaufen. Rechte Seite oben: Sommerleben vorm Cochemer Rathausportal. Unten: Cochem im Abendlicht.

Flussaufwärts von Cochem zum Beispiel liegt das Weindorf Beilstein, so malerisch, dass es oft für Film und Fernsehen als moselländische Kulisse dienen musste. Auf dem anderen Ufer in gleicher Richtung sieht man den Bremmer Kalmont, den steilsten Weinberg – für Winzer mit Hochgebirgskondition. Etliche Moselschleifen weiter grüßt beidseits Traben-Trarbach (im 19. Jahrhundert vereinte die preußische Obrigkeit die rivalisierenden Weindörfer zur Doppelstadt) mit sehenswertem Mittelmoselmuseum im früheren Haus Böcking, wo schon Goethe zu Gast war. Aus der Wende zum 20. Jahrhundert gibt es in Traben phantasiereiche Jugendstilbauten des Architekten Bruno Möhring zu sehen, wie die Villa Breucker und das Hotel Bellevue.

Weiter moselaufwärts führt die Uferstraße auf eine andere Doppelstadt zu: Bernkastel-Kues, dem Sitz der Moselland eG, der größten Winzergenossenschaft an der Mosel, die man besichtigen kann (mit Weinverkostung – aber die sollte man auch in kleinen Kellereien wahrnehmen und sich ein flüssiges Souvenir kaufen). In Kues wurde Niklas von Kues geboren, ein deutsches Universalgenie des Mittelalters, Naturwissenschaftler und Religionsphilosoph, Generalvikar in Rom. Er starb im Jahr 1464 und hinterließ seiner Heimatstadt die Stiftung des St. Nikolaus-Hospitals, in eines der Gebäude sind das Mosel-Weinmuseum und die kostbare Bibliothek des Gelehrten eingezogen. Die Erträge seiner Weinberge kommen als sein Vermächtnis noch heute einem Altenheim zugute. Herrliche Aussicht hat man von der mittelalterlichen Burgruine Landshut hoch über der Stadt und ihren herrlichen Weinbergen.

Kultureller Höhepunkt einer Moselreise ist Trier, die älteste deutsche Stadt, um 16 v. Chr. von den Römern als Augusta Treverorum gegründet, im 4. Jahrhundert Hauptstadt des Weströmischen Reiches, mit Prachtbauten so reich ausgestattet, dass man für die Besichtigung aller antiken Kunstwerke auch noch heute mehr als einen Tag einplanen sollte. Der römische Trierer Ausonius hat 371 n. Chr. ein begeistertes Lobgedicht auf die Mosella, sein heimatliches Moseltal, geschrieben. Trier ist seiner antiken wie mittelalterlichen Kunst wegen (Porta Nigra, Palastaula Kaiser Konstantins, Kaiserthermen, Amphitheater, Kunstschätze im Landesmuseum, Dom und Liebfrauenkirche) in die Liste des Weltkulturerbes der UNESCO aufgenommen worden. Sogar die alte Brücke über die Mosel ruht noch auf römischen Fundamenten.Trier ist auch Wein- und Sektstadt, rund ein Viertel der deutschen Sektproduktion wird dort hergestellt.

Die Burg der Burgen: Eltz

Wir fahren wieder moselabwärts, das ist auf verschiedenem Weg möglich: auf der Hunsrück-Höhenstraße (nur etwa halb so lang wie die Uferstraßen) oder zu Schiff, genießend und beschaulich, oder gar zu Fuß auf dem Mosel-Höhenweg (Auskunft zu all diesen Unternehmungen siehe Info-Kasten S.97). Vom Unterlauf der Mosel aus sollte man nicht weit von Karden, bei Moselkern einen

Seitenweg ins Mittelalter einschlagen: 35 Minuten bachaufwärts durch das Tal der Elz geht der Weg durch Wald und an Schieferfelsen vorbei zur Burg Eltz. Auf einem 70 Meter hohen Felskopf ragt sie viele Stockwerke hoch, ihr Dach ist mit runden und eckigen Türmen dicht besetzt.

Burg Eltz ist eine so genannte Ganerbenburg, das bedeutet, dass in ihr mehrere Familien zusammenlebten in einer Eigentümergemeinschaft. Die Burg stammt im Kern aus dem 12. Jahrhundert, sie war als ein befestigtes Bauwerk angelegt, nicht als Festung – durch Diplomatie wussten die Burgherren Kämpfe zu vermeiden. Sie wurde an einem Weg erbaut, der die Mosel – seit jeher eine der wichtigsten Handelsstraßen des Deutschen Reichs – mit der Eifel und dem fruchtbaren Maifeld verband.

Immer wieder wurde angebaut, besonders im 15. Jahrhundert: neues Fachwerk, neue Türme. Heute ist die Burg von April bis 1. November täglich zu besichtigen – die Familie von Eltz lebt meist in Eltville –, und man erfährt bei der Führung vieles aus ihrer Geschichte. Wertvolle Kunstgegenstände werden gezeigt: eine »Madonna mit Kind und Traube« von Lucas Cranach, in einem Schlafgemach zarte Fresken aus dem 15. Jahrhundert, eine intakte Burgküche, hauswirtschaftliche Geräte aus verschiedenen Jahrhunderten, Wandteppiche, Keramik – und schließlich die Schatzkammer (Extra-Eintritt) mit Meisterwerken der Gold- und Silberschmiedekunst, dort eine Diana mit Pferd und Hund als »Trinkspiel«, als Doppelbecher nämlich. Einen guten Eltz-Wein kann man in der Burg trinken, wenn auch aus einfacherem Gefäß.

TRADITION UND GENUSS

Am Moselufer das Hotel Noss mit 31 Zimmern und schon 100 Jahre in Familienbesitz: drei Restaurants stehen zur Wahl (»Esszimmer«, »Entenfang« und »Wintergarten«), dazu das Bistro Café Royal – gekocht wird mit hochwertigen Naturprodukten, in Harmonie mit erlesenen Weinen.

Hotel Noss
Moselpromenade 17, 56812 Cochem
Tel. 0 26 71/36 12, Fax 53 66
www.hotel-noss.de

WEITERE INFORMATIONEN ZUM MOSELTAL UND DER BURG ELTZ

Tourist-Information Ferienland Cochem
Tel. 0 26 71/6 00 40
Mosellandtouristik GmbH
Tel. 0 65 31/9 73 30 und 20 91, Fax 20 93
Websites: www.cochem.de,
www.mosellandtouristik.de
www.burg-eltz.de

Mitte: Im Herzen des Rheingaus: der Weinhandelsort Eltville.

Unten: Droben die Reben, drunten die Fasskeller: im Rheingau ist eine unterirdische Weinlandschaft zu erleben.

Rechte Seite: Trutzig ragt der Turm auf, doch das herrlich hoch über dem Rhein gelegene Schloss Johannisberg lockt auch mit lichter Eleganz.

26 Der Rheingau um Winkel und Schloss Johannisberg

Die Entdeckung der Spätlese

Zeit der Reifröcke und Mozartzöpfe: 1755. Die Winzer um das ehemalige Kloster Johannisberg sind Untertanen der Fürstabtei Fulda und müssen mit der Weinlese warten, bis von dort die Aufforderung dazu eintrifft. Verzweiflung und Katastrophe: der Bote aus Fulda kommt nicht, die überreifen Beeren schrumpfen, faulen am Stock! Schließlich ist die Erlaubnis da, die Lese wird nachgeholt – und ergibt wegen ihrer »Edelfäule« einen Wein, der die Kenner in Entzücken versetzte: die erste Spätlese.

Überall im Rheingau ziehen sich die Reben in Reihen die Hügel zum Rhein hinunter. Sie wachsen der Sonne entgegen, in bester Südlage, denn der Rhein macht hier ausnahmsweise einen 30 Kilometer langen Schlenker von Ost nach West. In diesem relativ kleinen Bereich liegen die Orte mit ihren Weinbergen – alle nah beieinander, gut zu erwandern. Schon vor etwa 275 Jahren hat die geistliche Obrigkeit durchgesetzt, dass ausschließlich die Rieslingrebe angebaut wird. Noch heute wächst im Rheingau 80 Prozent Riesling – eine Weinsorte von höchster Qualität. Ihr Aroma, das eine feine zarte Säure umgibt, erinnert je nach Lage und Jahrgang an Pfirsich, Aprikose oder Honig. Wenn man widerstehen kann und ihn nicht im selben Jahr genießt, nimmt Rieslingwein nach einigen Jahren Lagerung an Qualität noch zu. Kein Wunder, dass Kenner und Genießer in allen Erdteilen den Riesling schätzen. Manchmal werden sogar in Übersee gewachsene Rieslingweine »Riesling Johannisberg« genannt.

Dicht an den Uferhäusern der Weinorte fließt der Rhein vorbei. In seiner majestätischen Ruhe ist er der Glanzpunkt der schönen Landschaft. Im milden Winter hüllt sich der Fluss in Dunst, Bäume und Sträucher akzentuieren malerisch die Nebelschwaden und verhüllen die lang gestreckte, naturgeschützte Insel Mariannenaue östlich von Winkel. Im Frühling aber wird der Strom mächtig und geschwind, überspült Ufer, Wege und Anleger der Rheinschiffe, kommt den Bewohnern gar bis in ihre Höfe und Gärten.

Oben: Fachwerk-Gemütlichkeit in Oestrich. Mitte: Die Drosselgasse in Rüdesheim, Wein-Himmel für jährlich mehrere Millionen Besucher aus aller Welt. Unten: Edlere Tropfen im Keller des Oestricher Eiserhofs.
Rechte Seite: Die Brömserburg in Rüdesheim beherbergt »Siegfrieds Mechanisches Musik-Kabinett«.

Doch der Rhein tut das ganze Jahr dem Wein gut: die glitzernden Wasser werfen im Sommer die Sonnenstrahlen verstärkend zurück, im Winter heizt das wärmer gebliebene Wasser das ausgekühlte Land. Die Sage geht, schon Karl der Große habe von seiner Pfalz Ingelheim am anderen Ufer bemerkt, dass im Rheingau der Schnee viel schneller von den Hängen wegtaute, er hielt also darauf, dass die Mönche des Benediktinerklosters auf dem Johannisberg Wein anbauten.

Das Kloster hatte eine bewegte Geschichte, es wurde im Bauernkrieg der Reformationszeit geplündert – die armen Bauern erfreuten sich wohl am guten Wein –, es wurde noch vor dem Dreißigjährigen Krieg aufgelöst, gehörte wechselnden Besitzern und von 1716 an dem Fürstabt von Fulda. Immer wurde Wein gekeltert, und die Qualität verbessert, auch als der Besitz nicht mehr geistlich war, sondern dem berühmten Staatskanzler Fürst von Metternich geschenkt wurde – wegen seiner Verdienste um den europäischen Frieden auf dem Wiener Kongress. Bis heute hat die Familie Metternich das Sagen in Schloss und Keller. Besucher können sich durch den Holzfasskeller in mittelalterlichen Gewölben führen lassen und eine Sammlung von Weinraritäten bestaunen, auf Weinproben Bekanntschaft mit dem köstlichen Inhalt der schlanken Flaschen machen, die traditionell sind im Rheingau und »Flöten« genannt werden. Die Sommerterrasse der Gutsschänke ist ein herrlicher Aussichtspunkt über das ganze Gebiet. Dreizehn Ufergemeinden zwischen Wiesbaden und Lorch und sieben Orte am Hang kann der Gast erwandern, häufiges Auf und Ab macht die Weinwanderung zum Fitnessprogramm. All die Ortsnamen stehen für Weinlagen, die der wahre Kenner erschmecken kann – wird behauptet. Oben auf dem Hügelkamm wächst das »Gebück«, ein im Mittelalter angepflanzter undurchdringlicher Buschwald, damals zum Schutz gegen Räuber, heute noch nützlich, da er kalte Luftmassen von den oberen Lagen abhält.

Romantische Winzerorte

Mit romantischen Gassen, Burg, Adelshöfen und Gutenbergmuseum (der verarmte Erfinder des Buchdrucks durfte hier seine späten Jahre verbringen) lockt das von Rosen umblühte Städtchen Eltville. Höher in den Rebhügeln liegt Kiedrich mit malerischem Mittelalter-Ambiente, nah dabei das ehemalige Zisterzienserkloster Eberbach, Zentrum der hessischen Staatsweingüter mit stimmungsvollen Kellergewölben. Geisenheim ist berühmt für seine Forschungsanstalt und Fachhochschule für Weinbau, Rüdesheim noch berühmter wegen seiner volkstümlich-spaßhaften Drosselgasse, in der man in großen Weinfässern übernachten kann. Mit einer Seilbahn geht es von hier aus hoch hinauf zum Niederwalddenkmal (1877-83) mit der überstattlichen Germania – aus heutiger Sicht beinahe ein Popkunstwerk.

Assmannshausen, schon im 19. Jahrhundert touristisches Ziel vieler Berühmtheiten (Andenken sind im Traditionsgast-

haus »Krone« zu sehen), ist Ausnahme in der langen Rieslingkette: hier keltert man einen vorzüglichen Roten aus Spätburgundertrauben.

Ein Olympier zu Gast

»Wasserfülle, Landesgröße, / Heiterer Himmel, frohe Bahn, / Diese Wellen, diese Flöße / Landen auch in Winkel an.«

Goethe liebte dieses Winkel, das in der Mitte der Rheingau-Uferstrecke liegt, war dort im Herbst 1814 bei seinen Freunden Brentano zu Gast. Und im Brentanoschen Anwesen sind heute noch die unveränderten kleinen Zimmer zu sehen, die der Dichter bewohnte, als er mit seinen Altherrengewohnheiten den Tageslauf seiner Gastgeber durcheinander brachte. Die Besitzerfamilie feiert bis heute den weltbekannten Dichtergast, es gibt einen Wein der Brentano-Weingüter, der sich Goethewein nennen darf. Die Salonkultur der Romantik, die damals im Haus Brentano mit Dichtung und Musik gepflegt wurde – Bettina Brentano war zu Gast und schrieb von nächtlicher Wasserfahrt –, hat in unseren Tagen Angela von Brentano wieder belebt mit gut besuchten anspruchsvoll-heiteren Veranstaltungen.

Es gibt noch mehr als Goethekult in Winkel. Schon ein Spaziergang am Rheinufer erfreut. In einem uralten Steinhaus im Städtchen ist ein Weinrestaurant zu besuchen, bergauf führen Wanderwege zum Schloss Vollrads, Stammschloss und Weingut der Familie Matuschka-Greiffenclau, mit einem mittelalterlichen Wohnturm. Durch die Weinberge geht in weitem Bogen Richtung Geisenheim ein Weg nach Schloss Johannisberg, wo unser kleiner Rundgang durch den Rheingau endet. Vieles Sehenswerte ist nicht erwähnt, das elegante Wiesbaden etwa oder das östlicher gelegene Hochheim, nach dem die Engländer als eifrige Weinkunden im 19. Jahrhundert heute noch jeglichen Weißwein »hoc« nennen. Dass der Rheingau gastlich ist und unzählige Einkehrmöglichkeiten bietet, versteht sich für ein Weinland fast von selbst.

4-STERNE AM RHEIN

Breit gelagert, mit großem Schieferdach, Gasthof seit 1628, ist das 4-Sterne-Hotel Schwan am Rhein (Terrasse) ein guter Aufenthalt, mit 54 Zimmern. Weinproben im alten Gewölbekeller bei Kerzenschein. Gute kreative Küche.

Hotel Schwan
Rheinallee 5, 65375 Oestrich-Winkel
Tel. 0 67 23/80 90, Fax 78 20
www.hotel-schwan.de

WEITERE INFORMATIONEN ZUM RHEINGAU

Verkehrsamt Oestrich-Winkel
Tel. 0 67 23/1 94 33
Rheingau-Taunus Information
Tel. 0 67 23/9 95 50, Fax 99 55 55
Köln-Düsseldorfer Rheinschiffahrt AG
Tel. 02 21/2 08 83 18, Fax 2 08 83 45
Websites: www.rheingau-taunus-info.de, www.k.d.com, www.WeinlandRheingau.de, www.rheingau-musik-festival.de

Mitte: Ein Portal in schönstem Jugendstil, mit seiner Form, den Farben und dem Schwung des schmiedeeisernen Dekors.
Unten: Malerische Liebesfeier am Hochzeitsturm.
Rechte Seite: Der Hochzeitsturm, eine starke Architekturgeste. – Kontrast zum Jugendstil auf der Mathildenhöhe ist die russisch-orthodoxe Kirche.

27 Kunstfrühling in Darmstadt

Jugendstil blüht auf der Mathildenhöhe

Wer Aufbruch und Erneuerung ersehnt, will Zeichen setzen. Aber selten gelang das so wie auf Darmstadts Mathildenhöhe, vor reichlich hundert Jahren. Ihre Architektur zieht noch heute Besucher aus aller Welt an. Haben sie je einen Turm ähnlich wie diesen breiten, violett und dunkelroten Klinker-Bau gesehen, der sich nach oben in der Farbe von Kupfergrünspan fünf-Finger-förmig zu einer Art Staffelgiebel verjüngt? Es ist der »Hochzeitsturm«, ein symbolisches Geschenk nach der Vermählung des letzten Großherzogs Ernst Ludwig von Hessen und bei Rhein mit Eleonore von Solm-Hohensolm-Lich.

Die Namen muten an wie ein vergilbtes Albumblatt. Ahnten die Beteiligten wohl, wie nah das Ende ihrer Epoche war? Allerdings hatte 1905, als besagte Hochzeit stattfand, auf der Mathildenhöhe schon ein Aufbruch in die Moderne stattgefunden, auf Anregung und im Auftrag des Großherzogs. Ein neuer Lebensstil sollte Schönheit mit Zweckmäßigkeit verbinden, als Voraussetzung zum Lebensglück. Im Lauf von etwa einem Dutzend Jahren entstand um das Ernst-Ludwig-Haus (1900/1901) und den Hochzeitsturm (1908) ein Viertel mit Wohnhäusern, Ateliers, Gartenanlagen und Skulpturen.

Viele Jahrzehnte im kriegsverwüsteten 20. Jahrhundert hatten für den Jugendstil nur Verachtung übrig. Trotzdem üben die verbliebenen Zeugnisse der Jugendstilkultur ihre Anziehungskraft wieder aus, und wir können uns an ihnen erfreuen.

Das Ernst-Ludwig-Haus, ehemals ein Ateliergebäude, ist sorgfältig restauriert worden. Feierlich wie ein Tempelportal wirkt der von mächtigen Skulpturen Ludwig Habichs flankierte Eingang. Unter einem vorgezogenen Rundbogen-Dach leuchten asymmetrische Goldornamente. Heute findet man im Innern herrliche Beispiele des Gebrauchs-Designs jener Tage, Möbel, Glasarbeiten, Bilder, Friese. Zu den Vorsätzen der Darmstädter Künstlerkolonie gehörte, nicht nur kostspielige Künstlerarbeiten herzustellen, sondern auch den Stil industrieller Fertigungen zu verbessern.

Die Künstlerkolonie – sie ins Leben zu rufen, war die Absicht Großherzogs Ernst Ludwigs, als er 1899 den Architek-

ten Josep Maria Olbrich (1867–1908) nach Darmstadt berief. Wer sich beim Anblick des genannten Portals am Ernst-Ludwig-Haus an die Wiener Sezession erinnert fühlt, hat recht: Olbrich hatte dort zuvor das berühmte Gebäude erbaut. Einige der ersten sieben Künstler haben bis heute klingende Namen: außer Olbrich Peter Behrens, der später in Berlin wirkte, dann Rudolf Bosselt, Paul Bürck, Hans Christiansen, Ludwig Habich, Patriz Huber. Sie schufen innerhalb von zwei Jahren die erste Ausstellung auf der Mathildenhöhe zur Präsentation der neuen Formen. Die jeweils neu errichteten Wohnhäuser wurden Ausstellungsobjekte, bevor sie bezogen wurden. Auch für mittlere und schmale Einkommen wurde gebaut.

Leider sind nicht von allen Haustypen Beispiele erhalten, auch können die verbliebenen nicht innen besichtigt werden, mehrere kulturelle Institutionen sind in die historischen Gebäude eingezogen. Trotzdem lohnt sich ein Spaziergang über die Mathildenhöhe. Zum Anfang kann man den Hochzeitsturm ersteigen, darin das Zimmer des Großherzogs und das der Großherzogin besichtigen – wenn die nicht gerade vom Standesamt zu Trauungen benutzt werden. Südlich vom Turm ziehen sich der Alexandraweg und der Christiansweg parallel von Ost nach West, dort trifft man das Glückerthaus mit geschweiften Mansarddächern und Omegabögen, auf das Haus Deiters und das Haus Habich, das Olbrich als erstes Flachdachhaus der Kolonie schuf. Es sollte südeuropäische Formen aufgreifen.

Am westlichen Bereich der Mathildenhöhe steht als ein Gegenentwurf zur Jugendstil-Konzeption die historisierend erbaute Russische Kapelle. Sie wurde 1899 eingeweiht, Zar Nikolaus II. ließ sie zu Ehren seiner Frau, einer hessischen Prinzessin, errichten. Das grausame spätere Schicksal des Zarenpaares – es wurde mit seinen Kindern von den Bolschewiki erschossen – macht es zum traurigen Denkmal.

Der benachbarte Platanenhain, um Jahrzehnte älter als die Künstlerkolonie, ist ein guter Platz zur Rast. Die Bildreliefs und Skulpturen stammen von Bernhard Hoetger, dessen Werken wir sonst in Bremen und Worpswede begegnen.

INDIVIDUELL UND FAMILIÄR

Als kleines, persönlich geführtes Stadthotel stellt sich das Hotel an der Mathildenhöhe vor, nahe den Jugendstilbauten und auch zentrumsnah, bereit, individuelle Wünsche zu erfüllen, auch für Familien mit Kindern. Reichhaltiges Frühstücksbuffet!

Hotel Mathildenhöhe
Spessartring 53, 64287 Darmstadt
Tel. 0 61 51/4 98 40, Fax 49 84 50
www.hotel-mathildenhoehe.de

WEITERE INFORMATIONEN ZU DARMSTADT

Stadtführungen etc.
ProRegio Darmstadt
Tel. 0 61 51/64 28
Ticketshop/Information – Louisencenter
Tel. 0 61 51/2 79 99 99, Fax 2 79 99 98
Websites: www.darmstadt.de, www.proregio-darmstadt.de, www.hlmd.de (Hessisches Landesmuseum), www.mathildenhoehe.info.html, www.kunstmarkt.de

28 Mythos Heidelberg

Mitte: Am Neckar, der Altstadt gegenüber, nahe dem Philosophenweg. Unten: Barocken Glanz strahlt die Mariensäule auf dem Kornmarkt aus. Rechte Seite: Blick über die Karl-Theodor-Brücke über den Neckar hinauf zum Schloss, dem ersten Palastbau der deutschen Renaissance.

Fluss und Berg, Schloss und Brücke

Einen Vogelausblick kann man tun, hinunter auf diese Stadt, die gartendurchwachsen im waldigen Tal am Fluss liegt. Ganz leicht ist die Höhe des Königstuhls zu erreichen. Die erste Höhe nimmt eine moderne Bergbahn, dann wird umgestiegen in die leise ächzenden Kabinen der historischen Seilzugbahn im oberen Teil der steilen Auffahrt – sie wurde technisch völlig erneuert, doch im Holz-Design des frühen 20. Jahrhunderts wiederhergestellt, ein täglich aktives Technik-Denkmal.

Von hoch oben blickt man auf Dächergewinkel und Kirchturmpracht der eng ans Neckarufer geschmiegten Altstadt, jenseits des Flusses aber glänzen hinter den grünen Neckarwiesen (einem Erholungsgebiet der Studenten) auf dem Neuenheimer Feld moderne Bauten der schon 1386 gegründeten Universität, weiter stromab dazu eine großzügige und helle Industrielandschaft.

Heidelberg – viel besungen, romantisch verklärt, ein Mythos gar, gepriesen von einer ganzen Schar der deutschen und globalen Literaturgeschichte: Goethe, Brentano, Hauff, Eichendorff, Mark Twain, um nur an einige Namen zu erinnern. Aber man muss nicht Poeten beschwören, geliebt, bewundert und besucht wird die Stadt noch heute, und zwar von aller Welt, was man leicht im vielsprachigen Gedränge des Fußgängerbereichs der Altstadt erkennen kann. Mit über 600 000 Gästeübernachtungen, so erfährt man unterm Dach der rührigen »Kongress und Tourismus GmbH«, erweist sich der Magnet Heidelberg so anziehungsstark wie nie zuvor, vor allem für Amerikaner und Ostasiaten, was die Ausländer betrifft. Nicht bei allen geht es um Alt-Heidelberg-Nostalgie. Ein weltweit verbreiteter Freundeskreis, der Heidelberg Club International HCI, feiert die Stadt jenseits aller »Ich hab mein Herz in Heidelberg verloren«-Schwärmerei als Zentrum für Wissenschaft und Innovation, mit Forschungsschwerpunkten wie Biotechnik und Informationstechnologie.

Stichworte als Antworten

Warum war und ist also diese Stadt so berühmt? Ein Versuch, Stichworte als Antworten zu sammeln: Landschaft, Jugend, die Gemeinschaft der Studenten, der Erlebnisort des Geistes und der Sinne, das milde Klima, die Schlossruine

Oben: Überwachsene Ruinen am Schlossberg. Mitte: Fast wie zu Kaiser Wilhelms Zeiten in Heidelberg, noch immer zahlreich: die Korporationen, studentische Verbindungen. Unten: Marktplatz mit Rathaus und Brunnen. Rechts: Die Hauptstraße, Heidelbergs Flanier- und Einkaufsmeile. Rechte Seite: Das Schloss und die Türme der Alten Brücke.

aus rotem Stein, die Schönheit und Überschaubarkeit des alten Stadtkerns, Traditionssinn und Aufbruchstimmung...
»In dieses Märchens Bann verzaubert stehen
Die Wandrer still. – Zieh weiter, wer da kann!
So hatten sie's in Träumen wohl gesehen,
Und jeden blickt's wie seine Heimat an,
Und keinem hat der Zauber noch gelogen,
Denn Heidelberg war's, wo sie eingezogen.« (*Eichendorff*)

Gehen wir zum Schloss. Eigentlich ein Denkmal entsetzlichen Kriegsvandalismus des ausgehenden 17. Jahrhunderts. Es steht mit leeren Fensterhöhlen und geborstenem Turm, leuchtet in der Abendsonne, zuweilen auch im Feuerwerk, wird besichtigt, man spielt Theater darin, den Urfaust zum Beispiel, es beherbergt ein komisches Riesenfass, jeden Weintrinker schaudert's, wenn er sich das Gemisch vorstellt, das die Winzer ihrem Fürsten dort hineinschütten mussten. Umträumt ist das Schloss von Garten und Park, in den Goethe eine bittersüße Altersliebe trug und wo seine Liebste, Marianne von Willemer, in Versen zurückdachte, die heute auf einer Tafel im (westlich gelegenen) Stückgarten zu lesen sind. Viel schöner noch als vom Königsstuhl ist der Blick hier auf die Altstadt, sie ist nah und rührt das Herz. Wie gut, unter den spitzen Dächern zu wohnen. Der Neckar glitzert unten und ein fast durchsichtiges Solarschiff fährt, ganz neu und das größte der Welt angeblich – modernste Gegenwart und verklärte Vergangenheit begegnen sich.

Als Johann Wolfgang von Goethe und seine Suleika hier im Jahr 1815 Verse zum »Westöstlichen Diwan« schmiedeten, lag die Zerstörung des Schlosses und der ganzen Stadt Heidelberg erst gut 125 Jahre zurück.

Ludwig XIV. von Frankreich erhob Ende des 17. Jahrhunderts Erbansprüche auf die Pfalz, weil seine Schwägerin Liselotte Schwester des verstorbenen Kurfürsten war. Sie hatte ihre Kindheit lebensfroh und heiter im Heidelberger Schloss verbracht, hinterließ viele Briefe aus Versailles, die ihr einzigartiges Temperament, Witz, gutes Herz und pfälzisch geprägte Sprachgewandtheit zeigen. Im goldenen Käfig konnte sie nichts gegen die militärische Brutalität des königlichen Schwagers ausrichten, trotz Trauer und Wut. Seltsam, dass die Zerstörung der Zauberkraft des Schlosses keinen Abbruch tat. Schon 1779 schreibt Herzog Karl August von Sachsen-Weimar, Goethes Freund: »Ich kroch in den alten schönen Trümmern herum. Es ist vortrefflich schön.«

Heute sind die Ruinen begehbar geworden und nach Betrachtung von alter Apotheke, großem Fass, Herrscherstatuen und Architekturdetails spaziert man gerne unter den hohen Bäumen des Schlossgartens. Leider ist der in Bildern überlieferte Renaissancegarten Hortus Palatinus voll Blumen und Brunnen längst vergangen.

Erhalten ist die wie das Schloss aus rotem Sandstein erbaute Karl-Theodor-Brücke über den schimmernden Neckar – benannt nach jenem Wittelsbacher Fürsten, der Ende des 18. Jahrhunderts zur Kurpfalz auch München mit Bayern erbte und seine reiche Gemäldesammlung dorthin mitnahm. Der Fürst steht mächtig auf der Brücke, zum Neuenheimer Ufer hin bildet Pallas Athene, die griechische Göttin der Gelehrsamkeit, das optische Gleichgewicht.

Die barocken Bauten der Universität sind feierliche Ruhepunkte der Altstadt. Freilich wandern bedeutende Fakultäten in die Neubauten auf dem Neuenheimer Feld aus – schade wäre es, wenn alles Universitäre aus der Altstadt verschwände. Das gesellige Leben in gemütlichen Studentenkneipen konzentriert sich immer noch auf die Altstadt, auch das der Studenten des dritten Jahrtausends, nicht nur das der reichlich altmodischen und teils übel rechtsradikalen Studentenverbindungen. Die Universität ist dennoch Herz und Geist einer Stadt des weltoffenen heiteren Charakters, die in den Studenten lebenslang Heimatgefühle erweckt.

MIT AUSBLICK AUFS SCHLOSS

Ein junges Hotel Zur Alten Brücke in altem Haus, gleich beim Torbogen zu der noch um vieles älteren Alten Brücke – und doch bleiben die Gäste dank eines heimeligen Innenhofs ungestört vom Strom der Touristen. Wer gern in originell gewähltem modernen Design wohnt, mit großformatigen schwarzweißen Heidelberg-Panoramafotos und – von mehreren Zimmern – mit Ausblicken zum Schloss, ist aufs Beste aufgehoben und wird im zugehörigen Restaurant Nepomuk bodenständig verwöhnt.

Hotel Zur Alten Brücke
Obere Neckarstraße 2, 69117 Heidelberg
Tel. 0 62 21/73 91 30, www.Hotel-zur-Alten-Bruecke.de, pauschales Parken im P12

WEITERE INFORMATIONEN ZU HEIDELBERG

Tourist Information am Hauptbahnhof
Tel. 0 62 21/1 94 33, Fax 1 38 81 11
Websites: www.tourismus-heidelberg.de, www.heidelberg-aktuell.de, www.heidelberg-kongresse.de

29 Bamberg – Frankens Schönste, Welterbe heilig und lebensfroh

Reiter und Dickmadam

Hoch über den Gläubigen hält er Wacht, im Halbschatten des Doms. Fast so berühmt wie Michelangelos David in Florenz, bewundert auf seinem Wandpodest als Inbegriff ritterlicher Lebensart: der Bamberger Reiter. Unbekannt der Künstler, der die Skulptur geschaffen hat, ihr in Ausdruck und Haltung die faszinierende Aura von Leichtigkeit und äußerster Konzentration gab. Nur vermutbar, wen sie darstellt – eine bestimmte Persönlichkeit oder doch ein Idealbild? Unter Kunsthistorikern gilt nach neuesten Forschungen am wahrscheinlichsten, dass König Stephan von Ungarn, der Schwager des Stadtgründers Kaiser Heinrichs II., Vorbild der Skulptur war.

Die hl. Kunigunde, einst König Heinrichs II. Gattin, bis heute Stadtpatronin, hat ihren Platz inmitten der Altstadt auf dem Maxplatz. Der bunte Gemüsemarkt ist ein Treffpunkt der Bamberger. Rechte Seite: Prachtvoll steht die Fassade des Alten Rathauses auf dem künstlich angelegten Regnitz-Inselchen.

Rund sieben oder acht Jahrhunderte jünger als der Reiter ist die mächtige liegende Frauengestalt, der die Bamberger den Daueraufenthalt in der Stadt an der Regnitz sicherten. Ihr Schöpfer ist der Kolumbianer Fernando Botero, weltweit bekannt für seine extrem rundlichen Gestalten, denen trotz ihrer Körperfülle mitnichten Schwerfälligkeit nachzusagen ist. Im Gegenteil wirkt auch die Botero-typisch beleibte Bamberger Frauenskulptur nicht fett, sondern lebensfrisch und stark. Als Bambergs Kunst- und Antiquitätenhändler sie jüngst auf einem Floß die Regnitz hinunterschwimmen ließen – ein Event! –, versank die füllige Bronzegestalt prompt im Fluss, überstand das Bad aber unversehrt und konnte zu ihrem Podest auf dem Heumarkt zurückkehren.

Ein, zwei Besuche in Bamberg können schon genügen: danach wird man verstehen, wie sehr die beiden Skulpturen den so unterschiedlichen Grundzügen dieser einzigartig schönen Stadt und ihrer Bewohner entsprechen. Zwischen Domhügel und Bierkellern, bischöflichem Rosengarten und E.T.A.-Hoffmann-Phantasien, zwischen Wunderglaube und Wissenschaft ist ihr nichts Menschliches fremd. Sie blieb nicht verschont von Kämpfen und Kriegen, Brandkatastrophen und Verbrechen – auch der brutale Königsmord Ottos von Wittelsbach an seinem Konkurrenten Philipp

Alt-Bamberg: Hochzeitshaus und Alter Kranen an der Regnitz (oben), Todes- und Vergänglichkeits-Symbolik an einem Grabmal in der Michaelskirche (Mitte), noch ins Mittelalter zurückreichende Fachwerkbauten der Alten Hofhaltung auf dem Domberg (unten).
Rechte Seite: »Klein Venedig« und Altes Rathaus.

von Habsburg, fand im Jahre 1208 in Bamberg statt, im Bischofspalast. Trotzdem ist es den Bambergern immer wieder geglückt, Schönheit und gute Lebensart ihrer Stadt zu erhalten.

Mehr als je ist Bamberg seit dem Zweiten Weltkrieg zum Ziel unzähliger Besucher geworden. Als eine der nur sehr wenigen alten deutschen Städte blieb Bamberg von den Brandstürmen des Bombenterrors verschont, wenn es auch hier Tod und Zerstörung gab und etwa ein Zwanzigstel der Gebäude verloren ging. Also ist das Erlebnis Bamberg von besonderer, außerordentlicher Art. Immer wieder lohnt es, dieses Erlebnis einer kontinuierlich gewachsenen Stadt zu suchen. Und gar einer Kaiserstadt!

Tausendjährige Bamberg-Geschichte

Den Domberg aus dem grünen Talgrund herauf ersteigen, und man steht im Zentrum der Bamberger Kaiser-, Bischofs- und Kirchengeschichte. Der Dom, die Renaissancefassaden der Alten Hofhaltung und die lang gestreckten Fassaden der barocken Neuen Hofhaltung, dahinter der Rosengarten mit dem Ausblick auf Stadt und Fluss vergegenwärtigen prachtvoll die tausendjährige Bamberg-Geschichte. Vor dem Jahr 1000 stand hier die Burg der Babenberger, archäologische Grabungen haben es bestätigt und der Name Bamberg hat von ihnen seinen Ursprung. Die Burg Babenberg war das Hochzeitsgeschenk des Bayernherzogs Heinrich IV. an Kunigunde, Tochter eines luxemburgischen Grafen. 1002 avancierte der Herzog zum gewählten deutschen König Heinrich II., bald darauf bereitete er die Gründung des Missionsbistums vor, die den Aufstieg Bambergs zur Folge haben sollte. Es war die große Zeit der Reichskirche, die seit Otto dem Großen von den Königen und Kaisern als Gegengewicht zu den Herzöge aufgebaut wurde und damit den Zusammenhalt des Reiches sicherte. 1014 ließ sich Heinrich II. von Papst Benedikt VIII. in Rom zum Kaiser krönen. Er war der letzte Kaiser aus dem Geschlecht der Ottonen.

Die Bamberger dankten den Aufstieg ihrer Stadt Heinrich und seiner Kunigunde, stellten das heilig gesprochene Stifterpaar noch Jahrhunderte später immer wieder in ihren Kirchen und an den Palästen dar. Das großartigste Denkmal schuf erst Tilman Riemenschneider, einer der bedeutensten Bildschnitzer und Bildhauer der Spätgotik mit dem Prunksarkophag, auf dem die lebensgroßen Gestalten liegend dargestellt sind.

Einen der schönsten Blicke auf die gegenwärtige Stadtgestalt hat man von der Pegnitz-Insel, sie ist selbst ein Bamberger Juwel, mit Spazierwegen im Grünen inmitten der Stadt. Ersteigt man den Turm des Geyerswörth-Schlösschens, blickt man hinüber zum Alten Rathaus, das im 14. Jahrhundert so kühn inmitten der Regnitz auf einer Insel erbaut wurde, überschaut das Gassen- und Giebelgewinkel der bezaubernden Altstadt und schaut hinauf zu den Türmen der Stadt im Kreis ihrer sieben Hügel. Auf einer dieser Höhen liegt das Kloster Michelsberg.

Lebenslust: Theater und Bierkeller

Bamberg ist aber auch die Stadt des sehr lebendigen, jüngst aufwändig erweiterten E.T.A.-Hoffmann-Theaters. 1808 kam der Dichter phantastischer Erzählungen als Kapellmeister an eben dieses Theater, gegenüber in einem handtuchschmalen Haus mit Gärtchen hatte er seine Wohnung, verliebte sich unglücklich und verließ Bamberg schon 1813 wieder. Sein Andenken lebt, Tausende steigen die schmale Stiege in seiner einstigen Wohnung hinauf, die jetzt Museum ist, schauen in die Winzigräume und lesen Textzitate.

Für Bambergs Freunde klassischer wie moderner Musik ist heute die »Sinfonie an der Regnitz«, abseits der Altstadt, ein Treffpunkt mit Parkraum fürs Auto – an dem es in der Altstadt extrem mangelt. Da sind viele Straßen ohnehin den Fußgängern vorbehalten, um den Grünen Markt und die Hauptwachstraße, im Domgrund und bei der Neuen Residenz. Es tut einem als Fußgänger gut, ohne Unfallrisiko den Kopf in den Nacken zu legen und auf schöne Fassaden von Kirchen und Bürgerhäusern zu schauen. In der Judenstraße, wo das prächtige Böttingerhaus steht, wie am Wasserschloss Concordia an der Regnitz muss man sich freilich vorsehen: Autos unterwegs!

Bamberg ist die Stadt kostbarer Kirchenbauten und reicher Museen, zeigt auch in vielen Läden Antiquitäten und Kunst, Mode und Kunsthandwerk, dazu Delikatessen und Weine aus fränkischem Anbau. In noch immer großer Zahl produzieren Privatbrauereien Bamberger und fränkische Biere, darunter die Spezialität Rauchbier. Wo Bier gebraut wird, gibt es auch Bierkeller – in Bamberg findet man einige besonders schöne, kastanienschattige, wie den Greifenklau-Keller auf dem Kaulberg. Weil Bamberg eine Universität hat, fehlt es nicht an Lokalitäten mit diskutierenden Gästen und/oder mit Musik. In der Musikkneipe »Jazzclub« hört man am Wochenende Live-Konzerte. Kaiser Heinrich würde staunen.

WEINHAUS MIT TRADITION

Ein gepflegtes Stück Alt-Bamberg: Romantik-Hotel Messerschmitt mit vorzüglichem Restaurant, die Tradition als Weinhaus reicht bis 1832 zurück. Komfortable 32 Zimmer, günstige Lage am Rande der Altstadt, mit Parkplätzen.
Hotel Messerschmitt
Lange Straße 41, 96047 Bamberg
Tel. 09 51/2 78 66, Fax 2 61 41
www.hotel-messerschmitt.de

WEITERE INFORMATIONEN ZU BAMBERG

Bamberg Tourismus & Kongress Service
Tel. 09 51/87 11 61, Buchungshotline
09 51/87 11 54 (auch Ferienwohnungen),
Fax 09 51/87 19 60
Websites: www.tourismus.bamberg.de

30 Auf dem neuen »Frankenweg«

Mitte: Heimeliger Marktplatz auf Kronachs Altstadthügel. Unten: Wappenschild am Rathaus. Rechte Seite oben: In grüner Weite unterwegs bei Wellesberg/Wallenfels. Unten: Blick ins Höllental bei Naila, vom Aussichtspunkt »König David«, 160 Meter über der Talsohle mit dem Wasserkraftwerk; und der »Teufelssteg« im Naturschutzgebiet.

Frankenwald zum Wandern und Träumen

O Täler weit, o Höhen, o schöner Frankenwald – nein, das ist nicht wörtlich von Eichendorff. Aber heute meinen wir nicht den ganzen schönen deutschen Wald, sondern eben die Wälder im Fränkischen. Und da speziell jene Region, die Frankenwald heißt. Wo man den findet? Das weiß jeder im Fränkischen, mitten in Deutschland. Wer nicht so zentral zu Hause ist, am Rhein etwa oder an der Küste, der weiß es in der Regel nicht so genau.

Im Norden grenzt der Frankenwald an Thüringen, und darum war er bis zum Ende der DDR touristisches Grenzland. Im Frankenwald dominiert klar die grüne Natur, er ist ein Waldgebirge, und keine der weltbekannten fränkischen Städte findet sich auf seinem Areal: Würzburg liegt weiter westlich, Bamberg südwestlich, Bayreuth südlich, Nürnberg noch südlicher. Aber zum Frankenwald gehört Kronach, berühmt für seine riesige Festung Rosenberg und die »Faust«-Festspiele, gehört auch Kulmbach, die Hauptstadt der fränkischen Brauer. Und durch den Frankenwald erwandert man das erste große Teilstück des »Frankenwegs«.

Wandern vom Rennsteig zur Schwäbischen Alb

Den »Frankenweg« muss man vorstellen, so jung ist er, der jüngste der fränkischen Fernwanderwege, er wurde erst im Herbst 2004 eröffnet. Dieser Wanderweg vom Rennsteig zur Schwäbischen Alb, herausfordernde 520 Kilometer lang, führt durch die tälerreiche Mittelgebirgslandschaft des Frankenwalds ins Obere Maintal, durch die Höhlenlandschaft der Fränkischen Schweiz und zu den Burgen der Frankenalb, wendet sich westlich, um die Seenlandschaft des Fränkischen Seenlandes zu streifen, schlängelt sich durch die Juralandschaft des Altmühltals und macht ein Stück hinter der »Römerstadt« Weißenburg noch einmal eine scharfe Kehre südwärts, erreicht am Ende die abenteuerlich urige Harburg über der Wörnitz.

Schlägt das Herz des Wanderers höher? Verspürt er Appetit auf all die Herrlichkeiten der fränkischen Landschaften? Warum gibt es diese Wanderroute nicht schon längst? Vermuten wir mal: es brauchte überdurchschnittliche Energie und Dynamik, um aus der Fülle fränkischer Wanderwege eine zusammenhän-

Oben: Renaissance-Portal der Kronacher Festung Rosenberg. Mitte: Altstadtwinkel, reich an Fachwerk. Unten: Brunnen an Kronachs Marienplatz. Rechte Seite oben: Über den Burggraben in die Rosenberg-Festung, eine der größten Deutschlands. Rechts unten: Der See der Ködeltalsperre bei Steinwiesen, Bayerns größtes Trinkwasserreservoir.

gende Route zu basteln, im Einverständnis aller beteiligten touristischen Organisationen. Voran der Frankenwaldverein, der Fränkische-Schweiz-Verein und der Fränkische Albverein haben mit der notwendigen Dynamik für eine optimale Streckenführung gesorgt und konsequent dafür, dass der Wanderer allerorten das Wanderwichtigste vorfindet: eine klare Ausschilderung. Auch auf das Logo des Deutschen Wanderverbandes trifft man. Dieser hat den Frankenweg zum Start mit seinem grünen Gütesiegel als »Qualitätsweg wanderbares Deutschland« ausgezeichnet, es ist der erste zertifizierte Wanderweg in Bayern.

Wer möchte, findet dazu noch viel präzis gedrucktes Info-Material. Mit der manchmal doch sehr willkommenen deutschen Gründlichkeit sind zum Beispiel im Prospekt des Naturparks Frankenwald nicht nur die vorgeschlagenen Tagesetappen, sondern auch empfohlene Unterkünfte samt Zugangswegen zum »Frankenweg« kilometergenau verzeichnet. Dazu die Höhenprofile, die beispielsweise im Frankenwald auf insgesamt 123 Kilometern Wanderweg ein Dutzend größere Auf- und Abstiege markieren. Als handlichen Begleiter hat der Frankenwaldverein den Wanderführer »Der Frankenweg im Frankenwald« herausgegeben, mit Karten und Fotos.

Hirschsprung, Höllental und Handweber

Wer exakt am Anfang des »Frankenwegs« starten will, sucht das Dorf Untereichenstein an der Selbitz auf, nah bei Thüringen: da geht der Rennsteig in den »Frankenweg« über. Bald steigt es kräftig bergan, Höhenwege und Rundblicke sind zu genießen, so von der »König-David«-Höhe in den tiefen, dicht bewaldeten Talgrund. Dort unten hatten Bergleute einen Stollen gegraben und ihn fromm auf den biblischen Davids-Namen getauft.

Schon öffnen sich Ausblicke zum Höllental, den schönsten hat man vom Hirschsprung, der Felsenhöhe mit der lebensgroßen Skulptur eines springenden Hirsches. Der Legende nach sollte ihn der verwegene Sprung ins Selbitztal vor der Jagdgesellschaft des Markgrafen Friedrich zu Bayreuth (1735–63) retten. Tun wir es dem Hirsch nicht nach, nehmen wir doch lieber den steilen Pfad bergab und kommen zum alten Bergwerksort Blechschmidtenhammer, wo man die Wanderung in einem Besucherbergwerk unterbrechen kann. Im Höllental rufen Namen wie Teufelssteg – es gibt ihn noch! – und Hölle die Volkserzählungen von der Begegnung eines tapferen Kohlenbrenners mit dem Teufel herauf – und als Kontrast dazu erinnern Reste technischer Anlagen an die mühsame industrielle Frühzeit im 19. Jahrhundert. Wechselnd über Feld- und Waldwege, das ein oder andere Mal auch durch stille Dörfer erwandern wir über weite Fluren den »Handweber Frankenwald«. Die Zeit, als in Hunderten von Häusern die Webstühle klapperten, dokumentiert das schlichte Handweber-Museum im Dörfchen Marlesreuth, wo der Weber Adolf Franz, seine Mütze auf dem Kopf, mit geschickten Fingern die Weberarbeit vorführt.

So oder ähnlich ist der erste der sechs Wandertage auf dem »Frankenweg« im Frankenwald zu erleben, kräftig ausschreitend über rund 25 Kilometer. Viel hat das Auge gesehen zwischen Aufbruch und Einkehr, hoch wölbte sich der Himmel über offenem Land, wie verwunschen rauschte der Bach im Tal! Verkehrsgeräusch nie oder nur aus der Ferne, rasch waren die wenigen Straßen überquert. Man sprach und schwieg miteinander. Der Wind strich wohltuend über die Felder und der Waldboden duftete stark unter der Sonne.

Zauberhaftes Altfranken: Kronach

Schön ist der Wald, aber schön sind auch so viele fränkische Städte und Städtlein. Rat für den Frankenweg-Wanderer: in Kronach nicht im Talgrund bleiben, sein altfränkisches Stadtbild zeigt es auf der Höhe! Floßherrenhaus und Annakapelle, Hexenturm, Brunnen und Gassen, altes Straßenpflaster und eine halbtausendjährige Garküche für Arme und Kranke. Fast so groß wie die ganze Altstadt ist die Festung Rosenberg, Kronachs Pentagon aus gotischer Zeit. Statt US-Generalen findet man die Fränkische Galerie (Lucas Cranach d. Ä., hier geboren, Riemenschneider, Hans von Kulmach). Sommers Freilicht-Festspieltheater, in Goethes »Faust« spielt eine Schauspielerin den Mephisto. Die nächste Burg wartet schon am Ziel der nächsten Tageswanderung in Kulmbach am Weißen Main, die großartige Plassenburg, mit Heerscharen von Zinnfiguren und anderen musealen Raritäten.

Eines Tages wird der »Frankenweg«, da sind wir uns fast sicher, »kult« sein wie schon seit langem der Rennsteig in Thüringen.

FRÄNKISCHE BEHAGLICHKEIT

Das Doppelhaus Pfarrhof & Am Pförtchen in der Altstadt Kronachs nimmt mit innerer und äußerer Behaglichkeit für sich ein, von der freundlichen Giebelfassade bis zum Wäscheservice, Gepäcktransport und Radverleih.

Pfarrhof & Am Pförtchen
Amtsgerichtsstraße 12, 96317 Kronach
Tel. 0 92 61/50 45 90, Fax 5 04 59 99
www.stadthotel-pfarrhof.de

WEITERE INFORMATIONEN ZUM FRANKENWEG UND FRANKENWALD

Frankenwald Tourismus. Service Center
Tel. 0 92 61/6 01 50, Fax 60 15 15
Websites: www.frankenweg.de,
www.frankenwald.tourismus.de,
www.naturpark-frankenwald.de,
www.kronach.de, www.kulmbach.de,
www.faust-festspiele.de

Die ansehnlich, aber nicht übertrieben restaurierten alten Häuser, die Handwerks- und Wirtshausschilder, die Blumenkästen vor den Fenstern geben dem ummauerten Kern des Städtchens eine immer wieder erfreuliche Stimmung. Draußen vor dem Mauerring (rechte Seite) wächst Seßlach ins grüne Land.

31 Seßlach – mittelalterlich-altfränkisch

Mauerumkränzte Fachwerkschönheit

Ein etwas ungleich geformtes Maueroval, ein aus dessen Mitte malerisch weggerückter spitzer Kirchturm, viele schmale Gässchen, zwei breitere Straßen, die sich kreuzen, ein ungleichseitiger Platz, ein Steinhaus mit Stufengiebel, höher als die anderen: Aus der Vogelperspektive sieht der Ort aus, als hätte ihn ein Kind mit einem Holzbaukasten aus Giebelhäusern, Türmen und Mauern aufgebaut. Aber wir kommen auf den Boden zurück, wandern durch ein mächtiges Tor unter dem Turm hinein.

Da ist ungewohntes grobes Steinpflaster, das den Schritt verlangsamt, die Augen haben Zeit, überall das schöne geradlinige fränkische Fachwerk wahrzunehmen und die Blumenpracht, die über Fenstergesimse drängt, im Kontrast zum Helldunkel der Fassaden. In wenigen Minuten kann man von einem Stadttor zum anderen in allen Richtungen auf die Stadtmauer und ihre vier Wehrtürme zugehen, und das Fußgängertempo ist hier richtig, Autos sind, zumal an Wochenenden, nicht gern gelitten, und selbst die Radler können über dieses Pflaster nicht so schnell flitzen. Geschwindigkeit wäre ja auch fehl am Platze. An den Ecken, in den Winkeln der Gassen sieht man Motive, die den alten Maler Carl Spitzweg (1808–1885) gefreut hätten. Was auch schon zu dessen Zeiten oft Vergangenheit war, in Seßlach ist sie bis heute erhalten, diese Idylle.

Wie kam es dazu? Seßlach, das als mittelalterlicher Ort (schon um 800 urkundlich erwähnt) seit 1335 Stadtrecht besaß, war als Marktstädtchen wohlhabend, litt im Dreißigjährigen Krieg, erholte sich im Jahrhundert danach aber wieder. Im 19. Jahrhundert blieb zunächst der Anschluss an die Industrialisierung aus, langsame Abwanderung setzte ein, das Stadtbild wurde nicht verändert. Seßlach in seinem alten Mauerring war Ackerbürgerstadt bis zum Ende des Zweiten Weltkriegs. Auch danach mussten Einheimische wie hinzugekommene Flüchtlinge ihr materielles Glück bald in größeren Städten suchen, vom Wirtschaftswunder war in Seßlach, am Rande der Bundesrepublik,

lange nichts zu spüren. Erst spät siedelte sich »saubere« Industrie an, aber nicht in der alten Stadt, sondern vor den Mauern. Seit 1974 hat eine sorgsame, das Alte erhaltende Städtebauförderung dafür gesorgt, dass man in der Altstadt mit modernem Komfort leben kann.

Zugleich stellte sich – langsam – die alte Stadtstruktur als Attraktion heraus. In dem ruhigen alten Seßlach, umgeben von ländlicher Naturlandschaft, Hügeln, Wald und Wiesen, erkennen viele Gäste ein verloren geglaubtes Paradies.

Immer wieder trifft der Gast auf Gewohnheiten, die es anderswo nicht mehr so altväterlich gibt. So trinken die Seßlacher nicht Bier aus Flaschen von irgendwelchen Großbrauereien, sondern lassen es von einem Braumeister im kommunalen Brauhaus auf Bestellung produzieren. Nach dem Brauen, am »Fasstag«, ist die Gasse vor dem Brauhaus verstopft mit Fahrzeugen, deren Fahrer ihr Fassbier dort abholen wollen. Eine andere Besonderheit des Ortes ist der Fasching, der mit selbst gebauten Festwagen und viel guter Laune ohne touristische Absicht gefeiert wird.

Eine Erinnerung an einen zu Unrecht fast vergessenen deutschen Dichter zeigt eine Tafel am steinernen Renaissancebau des ehemaligen Amtsgerichts: Friedrich Rückert, Balladendichter und Sprachgenie, lebte hier in jungen Jahren bei seinem Vater, der Amtsrichter war. Er verfasste in Seßlach die Ballade vom »Irrglöckchen«, das abends geläutet wurde, um im Wald verirrten Menschen den Weg zurück zu weisen. Eine junge Grafentochter soll so ihren Heimweg vom Beerensuchen gefunden haben. Das Glöckchen sitzt jetzt in einem Dachreiter auf dem Rathaus.

Seßlach liegt am Tal der Rodach abseits der großen Durchgangsstraßen, doch in der Nähe Coburgs und ist auch Mittelpunkt eines Netzes von 100 Kilometer Wander- und Radwanderwegen. Ob die Barockkostbarkeiten von Vierzehnheiligen und Banz im oberen Maintal oder – seit dem Jahr 1989 – auch Thüringen – alles ist nah.

GEMÜTLICHKEIT STEHT AN ERSTER STELLE

Obwohl er sich Landgasthof nennt, liegt der Rote Ochse mitten in der Altstadt Seßlachs. Gemütlichkeit steht an erster Stelle in diesem alten Gasthaus, das gute fränkische Schmankerl, aber auch Thüringer Klöße serviert und natürlich auch den »Seßlacher Hausbrauer« anbietet.

Landgasthof Roter Ochse
Flenderstraße 95, 96145 Seßlach
Tel. 0 95 69/12 20

WEITERE INFORMATIONEN ZU SESSLACH

Tourist-Information Seßlach
Tel. 0 95 69/9 22 50, Fax 92 25 25
Websites: www.sesslach.de

Die Kirchtürme überragen das mittelalterlich anmutende Quedlinburg. Stille Gassen führen vom Markt und Rathaus bergan zum Schlossberg, erinnern an Könige und Kaiser.

Sommer um Sommer genießen die Kahnfahrer die Spreewaldlandschaft.

32 Das gerettete Quedlinburg

Fachwerk und frühes deutsches Königtum

So viel Fachwerk erlebt man nur hier, in der alten König- und Kaiserstadt am Nordrand des Harzes. Über 1000 Fachwerkhäuser überdauern aus dem 15. bis 18. Jahrhundert, zu vieles befand sich 1990 im Verfall, nahe am Abbruch. Kaum mehr vorstellbar scheint, dass binnen so kurzer Zeit so viel Wohnbausubstanz innen wieder wohnlich and nach außen ansehnlich gemacht werden konnte. Hilfreich war im Jahr 1994 die Aufnahme in die Welterbe-Liste der UNESCO. Der Welterbe-Status stützt auch die Abwehr kunststoffverkleideter Warenhausfassaden, die das historische Altstadt-Ensemble bald verstümmeln würden. Und Quedlinburg ist Königsstadt, Kaiserstadt. Heinrich I., erster deutscher König, hielt in Quedlinburg Reichstage ab. Neben dem Renaissanceschloss tritt man in die Stiftskirche St. Servatius, im Jahre 1129 geweiht, ihr Säulenportal und die Krypta zählen zu den frühesten Meisterwerken deutscher Romanik.

HOTELEMPFEHLUNG:
Romantik Hotel Theophano, Markt 14, 06484 Quedlinburg, Tel. 0 39 46/9 63 00, Fax 96 30 36, E-Mail: theophano@t-online.de

33 Im Spreewald-Biosphärenreservat

Der Wald der hundert Wasserwege

Wo alle Straßen enden und nur noch Wasserwege übrig bleiben, fühlt der Mensch sich ganz von Natur umfangen. Grünes Waldgeheimnis um schwarz glänzende Wasser, Felder um Biohöfe, dazu die langen Holzkähne (»Kaupen«), die durch das Wasserlabyrinth nicht gerudert, sondern mit langen Stangen gestakt werden – das sind Hauptreize des Spreewalds, die anderswo so nicht zu finden sind. Von den etwa 300 Fließen (= Wasserwege) sind etwa 200 befahrbar. Man kann auch radeln, wandern, paddeln. Rustikales passt dazu: die Spreewaldgurke, die vielen besser mundet als jede andere, auch Kartoffeln mit Leinöl und Quark (»… macht den Spreewälder stark«, steht auf den Speisekarten). Rund 18 000 Tier- und Pflanzenarten leben im Biosphärenreservat. Es fehlt nicht an dem einen oder anderen Museum und Schloss. Der Urlaubskatalog der Unterkünfte ist richtig reichhaltig, spreewaldtypisch ist die Blockhausbauweise, nobel quartiert man sich im Schloss Lübbenau ein (03222 Lübbenau, Tel. 03 54/28 73-0, Fax 28 73-6 66, www.schloss-luebbenau.de)

34 Die Würzburger Residenz

Wo Apoll den Fürstbischof grüßt

Die Welt sieht den größten Barockbau Süddeutschlands mit höchster Bewunderung, seit 1981 ist die Würzburger Residenz Weltkulturerbe der UNESCO. Balthasar Neumann baute seinem Fürstbischof Schönborn ein riesiges festliches Treppenhaus mit einem über 600 Quadratmeter großen Deckengewölbe – man zweifelte, würde es halten, ohne jede Stütze? Fast 200 Jahre später fiel Würzburg unter dem Bombenhagel in Trümmer – aber die Treppenhaus-Decke hielt. Ein Offizier der US-Army sorgte dafür, dass sie nicht von der Witterung zerbröselt wurde. Denn es galt eines der herrlichsten Deckenfresken zu retten. Giovanni Battista Tiepolo hatte es 1752/53 gemalt: Apoll, Gott der Künste, huldigt dem Fürstbischof in Gegenwart der vier Erdteile.

Der Besucher wird von der Pracht des Kaisersaals, von Weißem Saal, Gartensaal und Hofkirche hingerissen, kann das Rokoko-Spiegelkabinett bewundern und sich im figurengeschmückten Garten ausruhen.

HOTELEMPFEHLUNG: Zur Stadt Mainz, Semmelstr. 39, 97070 Würzburg, Tel. 09 31/5 31 55, Fax 58510, www.hotelstadtmainz.de

Oben: Balthasar Neumanns Barockbau der fürstbischöflichen Residenz öffnet den Blick auf eine Fülle von Kunstwerken und Glanzstücken der Architektur.

35 An der Tauber

Die Flussaufwärts-Verführung

Das Tal tauberaufwärts schmiegt sich eng ans bayerische Franken an, gehört aber zu Baden-Württemberg, seine kernig-kräftigen Weine sind badisch, dürfen jedoch in fränkischen Bocksbeutelflaschen erscheinen. Weniger kompliziert, nur einfach lieblich schön sind das Tal, seine kleinen Städte und Dörfer: Linksmainisch an der Taubermündung die Altstadt Wertheims unter dem Burgruinen-Hügel mit Fachwerkhäusern und Glasmuseum. Flussaufwärts beispielhaft restauriert die Klosteranlage Bronnbach, jetzt ein aktives Kulturzentrum. Tauberbischofsheim, die malerische Stadt der Sportfechter, das elegante Bad Mergentheim mit dem ehemaligen Residenzschloss des Deutschen Ordens, Weikersheim, berühmt durch das einzigartige Renaissanceschloss, Creglingen mit dem wunderbaren Riemenschneider-Marienaltar und Rothenburg hoch über dem Tal, wo alle Welt das findet, was sie sich unter Romantik vorstellt.

HOTELEMPFEHLUNG: Badischer Hof, Am Sonnenplatz, 97941 Tauberbischofsheim, Tel. 0 93 41/98 80, Fax 98 82 00, www.hotelbadischerhof.de

Rothenburg ist weltberühmt – hier Giebelhäuser am Marktplatz.

Von den steilen Weinbergen über dem Moselort Bremm hat man einen herrlichen Blick auf die Moselschleife.

Die Bayerischen Alpen – keine deutsche Urlaubsregion zieht so viele Gäste an wie diese Hochgebirgslandschaft und das seenreiche Alpenvorland vom Chiemgau bis zum »Pfaffenwinkel« und zum Allgäu. Reich ist die Region auch an Raritäten der Natur und der Künste – wie dem »Schachenschloss« König Ludwigs II.

Deutschlands Süden

Mittelpunkt der Breisgau-Hauptstadt: der Markt mit dem Münster und vielen reizvollen Details der Architektur, wie dem gotischen Erker unter farbigen Ziegeln oder der Uhr am Münsterturm. Rechte Seite: Der Blumenmarkt am Münster ist aus der Turmperspektive noch dekorativer als zu ebener Erde. Freiburg hat auch seine stillen Winkel, hier in der Gerberau.

36 Freiburg – die Breisgau-Schöne

Wohlgefühl unterm Münsterturm

Eine Stadtsage erzählt von einem reichen Breisgau-Bauern. Der liebte Freiburg mit den schönen Toren, den ragenden Türmen, den krummen Gässchen und den gemütlichen Weinstuben so sehr, dass er nach jedem Markttag am liebsten die ganze Stadt auf den Wagen geladen und mit heimgenommen hätte. Geht es manchem Freiburg-Gast noch heute so?

Schicker ist Freiburg geworden, aber auf dem Münsterplatz wird immer noch Wochenmarkt gehalten, biobetont, die »Bächle« laufen neben den Bürgersteigen, mit Quellwasser aus dem Schwarzwald so klar wie je, und in den Wirtshäusern locken die Weinkarten. Wer in Freiburg zu Hause ist, will es fast immer bleiben, und weil sich die Stadt nicht davontragen lässt, suchen immer mehr Freiburg-Gäste sich eine Dauerresidenz, spätestens für die Zeit nach ihrem Arbeitsleben. Das begann bereits im letzten Viertel des 19. Jahrhunderts, als Freiburgs kreativer Bürgermeister Otto Winterer (1846–1915) die naturgegebenen Vorzüge seiner Stadt erkannte und statt auf Industrieansiedlung zielstrebig auf Tourismus und die Ansiedlung norddeutscher Touristen setzte.

Jedoch ist Freiburg, das Herz des Breisgaus und Südbadens, mit seinem historischen Zentrum im Zweiten Weltkrieg nicht so unversehrt geblieben, wie es heute beim Stadtrundgang mit all seinen pittoresken Giebeln und Erkern, mit seinen Schieferdächern und Wasserspeichern erscheinen mag. Bei dem Terrorangriff einer Bomberflotte am 27. November 1944 fiel die in keiner Weise kriegsproduktive Altstadt binnen zwanzig Minuten fast ganz in Schutt und Asche, Tausende Menschen verbrannten und erstickten. Der Münsterturm wurde getroffen, aber nicht zerstört. In aller Not galt sein wundersames Überdauern den Überlebenden als Hoffnungszeichen. Auch dank der Hilfe aus dem benachbarten Basel konnte das von Bomben durchschlagene Münsterdach bald neu gedeckt werden.

Der schönste Turm

Als den »schönsten Turm der Christenheit« hat der Schweizer Kunstpapst Jakob Burckhardt (1818–1897) das filigran durchbrochene Mauerwerk der Gotik gepriesen. Es sei der schönste Turm der gesamten Menschheit, sagt

ENOTECA

Immer wieder zum Staunen schön: der filigrane Turm des Freiburger Münsters, eines der kostbarsten Werke der Gotik in Deutschland. Und wer auch die Kunstwerke im Münster, vom Hochaltar bis zu den figurenreichen Glasfenstern (rechts) besucht hat, mag sich auf dem Wochenmarkt (rechte Seite oben) stärken.

der Fotograf Peter Cornell Richter: denn dieser gotische Bau vereine Erkenntnisse, die der orientalische, der hellenistische und der abendländische Geist hervorgebracht habe. Entsprechungen von Musik und Zahl, die der Grieche Pythagoras (um 580 – um 496 v. Chr.) nachwies, und von Klängen und astronomischen Entfernungen, die der Grieche Platon (427–347 v. Chr.) »Sphärenharmonie« nannte, fand Richter in den Maßen des Münsterbaus wieder: »Die äußere Gestaltung und der Innenraum des Münsters sind in Stein gestaltete tonale Musik«, das Münster also eine lebendige Harmonie von Stein, Licht und Klang. (»Klingender Stein. Das Freiburger Münster«, mit Fotos im Großformat, Freiburg im Breisgau 1990)

Glücklich wirkt am Münster vieles zusammen. Der Turm setzt sein schlankes Zeichen über der Talweite vor den Schwarzwaldhöhen, ohne dass ihm die vielstöckigen Großbauten des Stadtrands allzu nahe rücken. Aus zahllosen Straßenperspektiven ist das kunstvolle Filigran des Turmhelms sichtbar, durch das an hellen Tagen die Himmelsbläue wie durch einen Scherenschnitt leuchtet. Das Geläut der Glocken – sie wurden zuletzt 1959 erneuert (bis auf die »Hosanna« von 1258 und das ähnlich alte »Silberglöckchen«) – erfüllt Freiburgs Luft. Der Klang der vier Münsterorgeln dringt durch die starken Mauern aus rötlichem Sandstein hinaus auf den Münsterplatz, wo im Mittelalter an der Vorhalle des Münsters das Marktgericht tagte. Fast zahllos sprechen Bildwerke innen und außen von der biblischen Überlieferung, voran der Hochaltar, den der Dürer-Schüler Hans Baldung Grien 1512–1516 schuf, und die teils noch älteren Glasgemälde.

Gebaut haben die Freiburger an ihrem Münster von 1218 bis 1620, also von der Stauferzeit bis in den Dreißigjährigen Krieg. Und wie an allen großen Kirchen nimmt die Arbeit des Restaurierens nie ein Ende. Kerndaten der Münstergeschichte sind das Jahr 1350, als der Baumeister Heinrich Müller, genannt »der Leiterer«, den 116 Meter hohen Münsterturm vollendete, und Jahr 1513, in dem der letzte Bauabschnitt der Pfarrkirche der Mutter Maria geweiht wurde. Kathedrale ist die Kirche erst seit 1827, als Freiburg anstelle von Konstanz Bischofssitz wurde.

Ökogrün zwischen Schwarzwald und Weinland

Nach 1945 war es der entschiedene Wille der Freiburger, den Wiederaufbau der Stadt im historischen Straßenraster und die Restaurierung der zerstörten Gebäude durchzusetzen, so weit nur möglich. Die formenreiche Architektur der Renaissance und des Barock erstand im alten Zentrum neu, die nüchternen Kaufhaus- und Verwaltungsbauten der ersten Nachkriegsjahrzehnte wurden auf Distanz gehalten.

Dagegen setzten die Freiburger ihre Gründerzeit- und Jugendstilwohnhäuser großenteils unter Denkmalschutz, als man anderswo den Dekor der historischen Fassaden noch abschlug, getreu der Adolf-Loos-Devise von 1908 »Orna-

ment ist Verbrechen«. Wohnviertel wie die Wiehre am Altstadtrand südlich des Dreisam-Flusses zeigen mit ihren baumgesäumten ruhigen Straßen Schmuckstück-Qualität. Freiburg bewies, dass Traditionssinn und moderne Problemlösungen sich vertragen. Statt Abrissorgien zugunsten der »autogerechten Stadt« setzte man an der Dreisam auf Förderung des öffentlichen Nahverkehrs, bot 1984 den Bürgern als erste deutsche Stadt die preisgünstige »grüne Umweltkarte« für Busse und Bahnen an (später »Regiokarte«) und verbannte 1996 selbst die Busse aus der Fußgängerzone – da verbleiben als Ärgernis der Fußgänger seither fast nur die Radler. Umso besser kommt eine andere Freiburger Spezialität zur Geltung: die vielen Pflasterbilder, die traditionell aus mittig gespaltenen bunten Rheinkieseln ins Straßenpflaster eingesetzt werden, seit hundert Jahren schon.

Freiburgs Ruf als deutsche Öko-Hauptstadt ist auch ein Gütesiegel für Freiburgs Lebensqualität. Schon historisch sind die Freiburger Demonstrationen der Studenten und »Grünen« gegen den Bau des Kernkraftwerks Wyhl am Oberrhein. Damals, 1977, wurde das vom Staat wie von der Industrie unabhängige »Öko-Institut e.V.« gegründet, es entwickelte sich rasch zu einer Autorität in Umweltfragen. Im Sommer 2005 zog das Öko-Institut ins Haus »Sonnenschiff« um, das als weltweit erstes Dienstleistungszentrum mit »Plusenergie« vorgestellt wird, dank wärmedämmender Bauweise und Solarstromversorgung mit nur einem Zehntel des Heizungsbedarfs vergleichbarer Gebäude.

HERVORRAGENDE KÜCHE IN GEMÜTLICHEM AMBIENTE

Ein Zimmer vis-à-vis vom Münster, mit Blick auf das von erster Morgenfrühe bis spätnächtlich bunte Leben auf dem Münsterplatz – das kann das Hotel Oberkirch's Weinstuben bieten. Wenn man im Gästehaus wohnt, sind es auch nur ein paar Schritt zum Münsterplatz. Am gleichen Platz genießen Freiburger und Freiburgbesucher schon seit über 250 Jahren die Badener Weine. Heute gehört die regional betonte Oberkirch-Küche zu den besten in Freiburg, Kachelofen und Holzvertäfelung tragen zur Gemütlichkeit bei, und sommers erfreuen sich die Gäste von Doris Hunn und Gudrun Johner an der Münsterplatzterrasse.

Hotel Oberkirch's Weinstuben
Münsterplatz 22, 79098 Freiburg
Tel. 07 61/2 02 68 68, Fax 2 02 68 69
www.hotel-oberkirch.de
26 Zimmer, 3 Suiten

WEITERE INFORMATIONEN ZU FREIBURG

Freiburg Wirtschaft Touristik und Messe
Tel. 07 61/3 88 18 80, Fax 3 70 03
Websites: www.fwtm.freiburg.de, www.freiburg.de, www.dompfarrei-freiburg.de, www.museumspass.com

Zu 80 Prozent kriegszerstört, erstand die Altstadt neu – und Stadtbummler fühlen sich besonders wohl im Fischerviertel (oben). Reich an Bildern und Skulpturen ist das Rathaus (unten).
Rechte Seite: Münster-Herrlichkeit – von den Wasserspeiern über den Wochenmarkt bis in die grandiose Architektur der transparenten Turmspitze.

37 Die Ulmer, ihre Spatzen und Einstein

Der höchste Kirchturm der Welt

Es lohnt, mit der Bahn zum Beispiel von Stuttgart nach München zu reisen, oder von München nach Stuttgart. Weil die allerschönste Folge von Blicken auf den berühmten Münsterturm gewinnt, wer Ulm auf den Schienen umfährt. Noch besser natürlich, man reist nicht vorbei, sondern sieht sich auch um in dieser alten Stadt an der Donau, wo ein Schneider fliegen wollte und Albert Einstein zur Welt kam. Prominente Architekten geben dem Stadtzentrum gerade neue Akzente.

Auf dem Münsterplatz legt man den Kopf in den Nacken, staunt zur 161,53 Meter hohen Turmspitze hinauf und nimmt vielleicht auch die 768 Stufen zur Aussichtsplattform. Aus 143 Meter Höhe öffnet sich bei klarem Wetter die Fernsicht bis zu den Alpen, und das fünfschiffige Langhaus scheint tief unter einem zu liegen. Im Innern der Ulmer Kirchenhalle jedoch – im Hauptschiff mit 42 Meter Gewölbehöhe – wird die gotische Bauidee des himmelstrebenden Gotteshauses noch einmal zu einem grandiosen Erlebnis. Und Kunstwerke mehr als genug gibt es zu bewundern, trotz des protestantischen Bildersturms im 16. Jahrhundert. Allein schon die Hunderte von Glasfenstern sind fast unerschöpflich reich an biblischen Szenen und Details. Ein Fernglas ist nützlich. Stichworte der Münster-Baugeschichte: Anderthalb Jahrhunderte, von 1377 bis 1529, leiteten hervorragende Baumeister wie die Parler-Brüder, Ulrich von Ensingen, sein Sohn Matthias und Matthäus Böblinger die mehrmals von Einsturz bedrohten Bauarbeiten. Keine Bischofskirche wuchs da, sondern die städtische Pfarrkirche, und als 1530 die Mehrheit der Bürger (87 Prozent) der lutherischen Lehre folgen will, wird auch das Münster evangelisch und der Bau eingestellt. Erst die Gotik-Begeisterung des 19. Jahrhunderts gibt den Münster-Maurern wieder Arbeit. 1844 gründet die Stadt eine neue Bauhütte, 1885 bis 1890 wird der Hauptturm vollendet, nach dem kühnen Entwurf von Matthäus Böblinger und um wenige Meter höher als der Kölner Dom (der 1880 vollendet war).

Die Ulmer haben im Zweiten Weltkrieg 80 Prozent oder mehr ihrer Altstadt im Bombenterror zugrunde gehen sehen. Doch sie wünschten und wagten den

Oben: Erst im späten 19. Jahrhundert als höchster Kirchturm weltweit verwirklicht: Ulms Münsterturm, exakt 161 Meter und 53 Zentimeter hoch.
Unten: Satt sehen an der Bilderfülle der Rathausfassade! Martin Schaffner schuf sie um 1540. Rechts: Ulm und die Donau im weiten Schwabenland.
Rechte Seite oben: Im Fischerviertel.

Wiederaufbau, wollten ihr historisches Stadtbild zumindest in Teilen nachbauen. So steht ihr Münster nicht wie der Kölner Dom inmitten einer Großstadtarchitektur, sondern überragt zumindest nach Norden hin ein Viertel klein bemessener Straßenzüge. Gassen heißen sie, von der Wengengasse bis zur Hafengasse, von der Büchsengasse bis zur Paradiesgasse. Die meisten sind originell gepflastert statt asphaltiert, und manche sind den Fußgängern vorbehalten. Cafés und Boutiquen, Schmuck- und Modelädchen laden zum Bummeln und Schauen ein. Ebenso im Fischerviertel, wo die Blau – geteilt in die Große und die Kleine Blau – zur Donau strömt, nach ihrem kurzen Lauf von ihrem »Blautopf« in Blaubeuren her. Im Fischerviertel stehen stattliche Fachwerkhäuser, alte Brückenbogen, prächtige Bäume. Die altertümliche Schönheit einer wehrhaften Reichsstadt ist nah beim Fischerviertel an der Donaufront zu erleben, wo der Metzgerturm über steilen Giebeln die Szene beherrscht.

Bilderreich wie kein anderes Ulmer Haus zeigt sich das Rathaus mit seiner spätgotisch bemalten Fassade, erinnert mit der Huldigungskanzel vorm ersten Stockwerk an das Selbstbewusstsein, das die Reichsstadt-Bürger schon um 1400 gewannen. Keinem Landesfürst waren sie untertan, allein dem Kaiser des »Heiligen Römischen Reichs Deutscher Nation«. Dessen Reichsvogt musste der städtischen Selbstverwaltung mehr und mehr Rechte überlassen. Und seit 1473 huldigten die Ulmer dem Kaiser nicht mehr in der kaiserlichen Pfalz am Weinhof, sondern vor ihrem Rathaus. Indiz dafür, wie wichtig sie die Erinnerung an ihre frühen Bürgerrechte nehmen, ist der Ulmer »Schwörmontag«. Mit buntem Wasserfestzug wird das Volksvergnügen alljährlich im Juli gefeiert – weil vor rund 600 Jahren Zünfte und Patrizier die Stadtverfassung geschaffen und im »Großen Schwörbrief« bestätigt hatten.

»Des Spätzleins Wissen ...«

Ulm-Besucher fragen sich, warum sie im Stadtbild so viele überlebensgroße Spatzen entdecken, aus Bronze, Stein oder Kunststein. Anno 2001 dienten der Stadt 250 »Großspatzenskulpturen« zur Sammlung von Sponsoren, deren Spenden den baufälligen südlichen Münsterturm retten sollen. Auch diese Spatzen haben eine Jahrhunderte alte Ulmer Vorgeschichte, eine anekdotische, zum derben Spott über die Bauleute des Münsters, die beharrlich versuchten, einen Balken quer auf einen Wagen gelegt durchs Tor zu bringen: Denen zeigte erst ein nestbauender Spatz, dass sich ein Halm besser längs als quer durch einen schmalen Durchgang befördern lässt. Sonst, sagt ein altes Verslein: »... sie stünden wohl heute noch an dem Tor / mit dem balkenbeladenen Wagen davor, / oder hätten, ohne des Spätzleins Wissen, / gar den Turm auf Abbruch verkaufen müssen.«

Ulms neuere und neueste Bauten scheinen ohne solche Hindernisse entstanden zu sein. Der Spektakulärste hat seinen Platz gleich vis-à-vis vom Münster, dort wo im Mittelalter die franziskanischen Barfüßer-Mönche ihr Kloster hatten

bauen dürfen, noch bevor das Münster entstand. Im protestantischen Münster war kein Platz für die Mönche, sie wurden aus der Stadt vergrault, ihr Kloster später abgerissen. Etliche Wettbewerbe wurden zur Neubebauung ausgeschrieben, Entwürfe mit Preisen bedacht, doch keiner verwirklicht. Bis fast am Ende des 20. Jahrhunderts einer der weltweit berühmtesten Architekten, der New Yorker Richard Meier, Ulms neues Stadthaus erbauen durfte. Mit der Meier-typischen Kombination von Rund- und Kubusformen, großzügigen Glasflächen und totalem Fassadenweiß ist der Bau ein Musterbeispiel der Moderne aus dem Geist der Bauhaus-Architektur. Die Ulmer leisten sich beste Architekten, wie zu Dombauzeiten. An der Neuen Straße, dem schlimmsten Nachkriegs-Eingriff in die gewachsene Altstadtstruktur, entstehen im ersten Jahrzehnt des 21. Jahrhunderts große kulturelle und kommerzielle Bauten, darunter ein »exklusives Kaufhaus«. Architekt ist Stephan Braunfels, der in München die »Pinakothek der Moderne« baute.

Unvergessen ist in Ulm der weltweit allerberühmteste Ulmer, der freilich kein Ulmer wurde, weil die Eltern mit ihm als noch nicht Einjährigem aus Ulm fortzogen: Albert Einstein. Wer Ulms Einstein-Erinnerungen aufsuchen mag, findet darum vor allem Gedenkmonumente. Der Schweizer Max Bill, Gründungsrektor der Ulmer »Hochschule für Gestaltung« stellte 1982 in die Bahnhofstraße, wo Einstein geboren wurde, ein abstraktes Denkmal, Jürgen Goertz ein Brunnendenkmal, das Einstein nach dem Kult-Foto mit herausgestreckter Zunge zeigt, und die ferne »Art Society« in Calcutta setzte neben Bills Werk in der Bahnhofstraße eine Gedenktafel mit dem Relief von Einsteins Gesicht. Beim Spaziergang auf der historischen Stadtmauer inmitten der Donau fällt der Blick auf das jüngste Denkmal: den Einstein-Spatz an der Adlerbastei 3.

KOMFORT HINTER HISTORISCHER FASSADE

Mindestens fünfhundert Jahre ist das Schiefe Haus schon alt, doch erst vor zehn Jahren wurde es vom Keller bis zum Dach saniert und restauriert. Seither gibt es das Hotel gleichen Namens, mit nur 11 Zimmern und viel Komfort hinter der historischen Fachwerkfassade. In schönster Altstadtlage, im Fischerviertel nur wenige Minuten von Dom, Rathaus und Museen!

Hotel Schiefes Haus
Schwörhausgasse 6, 89063 Ulm
Tel. 0731/96793-0, Fax 96793-33,
www.hotelschiefeshausulm@de

WEITERE INFORMATIONEN ZU ULM

Tourist-Information der Ulm/Neu-Ulm Touristic GmbH
Tel. 0731/1612830, Fax 1611641
E-Mail info@tourismus.ulm.de
Websites: www.tourismus.ulm.de, www.muenster-ulm.de, www.museum.ulm.de

Regensburger Perspektiven: die Domtürme über dem Fluss mit der uralten »Steinernen Brücke« und über Dächerkanten, von der Ägidienkirche gesehen – von innen und von außen die älteste deutsche Bratwurststube, seit 850 Jahren in der Thundorferstraße – und noch einmal ein Steilblick hinab auf die langsam strömende Donau.

38 Regensburg – die erste Hauptstadt

Von den Agilolfingern bis zur Welterbestadt

Zur Zeitreise durch Regensburgs Geschichte begibt sich der Besucher zum Neupfarrplatz im Zentrum zwischen zwei Fußgängerzonen. Zweitausend Jahre Stadtgeschichte an einem Platz, das findet man nicht überall. Man braucht nur etwa sechs Meter unter den Neupfarrplatz hinabzusteigen und ist schon im römischen Legionslager.

Genauer: bei dessen steinernen Resten. Nur ein kleiner Teil davon wurde freigelegt, man konnte ja nicht Regensburgs Stadtmitte wegräumen. Hier fand man Mauerzüge und einen Ziegelplattenboden und konnte erschließen, dass man in den Resten eines Wohnhauses stand, das einem hohen Offizier gehört hatte, gleich an der Via Principalis, zu deutsch der Hauptstraße des Legionslagers Castra Regina, des Lagers am Regen. Kaiser Marc Aurel hatte es 179 anlegen lassen, der Name überdauerte die Militäranlage, wurde eingedeutscht zum Namen der Stadt bis heute. Regensburg ist der Ort, wo der im Böhmerwald beim Großen Arber entspringende Fluss Regen in die Donau strömt.

Von den Agilolfingern, den ersten bayerischen Herrschern, fand sich am Neupfarrplatz keine architektonische Spur. Dagegen vom Judenviertel, das um das Jahr 1000 erstmals urkundlich bezeugt ist und damit nach Worms das älteste in Deutschland gewesen sein könnte. Etwa 39 Häuser umfasste das Viertel, darunter eine gotische Synagoge und ein romanischer Vorgängerbau. Belegt ist auch, dass die Gemeinde sich selbst verwaltete und eigene Richter hatte. Sie wurde nach einem halben Jahrtausend vom Rat der Stadt Regensburg vertrieben, als ihr letzter Schutzherr, der habsburgische Kaiser Maximilian, im Jahr 1519 starb. Anstelle der Synagoge wurde eine Wallfahrtskapelle errichtet, später die erste Pfarrkirche der evangelisch gewordenen Reichsstadt.

Zum spektakulären Höhepunkt der Stadtarchäologie geriet bei den umfangreichen Grabungen der Jahre 1995–98 der Fund von 624 Goldmünzen aus dem späten 14. Jahrhundert. Spektakulär ist aber auch das »document Neupfarrplatz«: die multimediale Präsentation der Geschichte des Neupfarrplatzes, ein Werk der Gegenwart als Spiegel der Regensburger Stadtgeschichte.

Um den Neupfarrplatz zogen seit hundert Jahren immer mehr Läden ein, immer wieder war er auch der Schauplatz politischer Ereignisse und Demons-

HISTORISCHE
Wurstküche

Altstadtspaziergänge führen allemal zum Dom, finden aber auch zu stimmungsvollen Plätzen (oben: Haidplatz), zum Kepler-Haus und zum Herzogshof. Rechte Seite: Der Dom St. Peter entstand neu im 12. Jahrhundert, die Türme wurden erst im 19. Jahrhundert vollendet. Rechts oben: Säulen der Walhalla, vom Bayernkönig Ludwig I. gegründet.

trationen. Hier wurde 1919 die kurzlebige Räterepublik ausgerufen, hier verbrannten Hitler-Anhänger 1933 die Bücher geschmähter Autoren, hier sammelte sich 1942/43 eine Widerstandsgruppe gegen das Hitler-Regime.

Die Altstadt sanieren, ohne sie zu veröden

Blickt man auf die Landkarte Bayerns, sieht man in ihrer Mitte ein großes Städtedreieck: München an der Isar, Nürnberg an der Pegnitz und Regensburg an der Donau, die drei Hauptstädte Bayerns (und Oberbayerns), Frankens und der Oberpfalz. Regensburg ist unter den dreien die kleinste, aber um mehr als ein Jahrtausend älter als die beiden anderen. Regensburg wurde auch vom Bombenterror des Zweiten Weltkriegs nicht so furchtbar verwüstet wie München und Nürnberg. All das hat zur Folge: Regensburg ist an originaler mittelalterlicher Architektur, an schönen Platzstrukturen so reich wie kaum eine andere Großstadt – nicht nur in Bayern, sondern in Deutschland.

Eine Stadtführung zeigt dem Besucher das Alte Rathaus, zwei historische Salzstadel, die Steinerne Brücke mit ihrem Brücktor, die römische Porta Praetoria, den Dom und mehrere Kirchen, schöne Bürgerhäuser, den Goldenen Turm und noch ein Dutzend Stätten mehr. Vielleicht auch das Kepler-Gedächtnishaus, das an den großen Astronomen und seinen vorzeitigen Tod in Regensburg erinnert. Kepler war zum hier tagenden Reichstag angereist, um zu seinem Recht zu kommen – enttäuscht von Wallenstein, der seine Zusagen nicht einhielt.

Zu all den Schaulust-Erfüllungen kommt noch: in Regensburg ist etwas gelungen, was Reisende sonst eher an österreichischen und italienischen Städten bewundern. Man hat nämlich verstanden, die Altstadt zu sanieren, ohne sie zu veröden. An allen Ecken trifft man auf lebendig Gegenwärtiges im historischen Ambiente: auf Bücherhallen über romanischen Kellergewölben, auf ein Hotel in einem ehemaligen Bischofspalast, auf das private Golfmuseum eines Antiquitätenhändlers in einem sorgsam restaurierten Bürgerhaus. Man hat von Münchnern gehört, die nach Regensburg umgezogen sind, weil es weder Hektik noch so hohe Preise wie an der Isar gibt, das Klima an der Donau aber ähnlich dynamisch und lebensfroh gestimmt ist.

Die Schätze aus Gold, die Brücke aus Stein

Als ein gesellschaftliches Glanzlicht hat Regensburg schon seit gut 250 Jahren die fürstliche Familie der Thurn und Taxis, erfolgreiche Postmeister der Kaiserlichen Majestät. Deren Kurierpost organisierte die aus der Lombardei stammende Familie schon im 15. Jahrhundert, damals von Frankfurt aus. 1615 erhielten sie das noch einträglichere Amt mit dem prächtigen Titel »Reichsgeneralpostmeister«, und zwar erblich. Seit 1748 residieren die Thurn und Taxis in Regensburg, das bis 1806

auch Tagungsstätte des »Immerwährenden Reichstags« war. Erst 1867 übernahmen die deutschen Staaten das Post-Monopol, gegen Entschädigung. Das Schloss der Thurn und Taxis in Regensburg ist das ehemalige Reichsstift St. Emmeram, ein opulenter Barockpalast, heute Museum mit üppig ausgestatteten Salons (vom Kloster überdauert der Kreuzgang). Die Schätze, die von den Thurn und Taxis in Jahrhunderten angesammelt wurden, erwarb der Bayerische Staat von Fürstin Gloria. So blieben sie den Regensburgern und ihren Gästen zum Besichtigen in der »Fürstlichen Schatzkammer« im Schloss.

So reich Regensburg sich mit schönen Stadtansichten präsentiert, als Musterbeispiel einer europäischen Stadt mit sehr langer Vergangenheit – mehr als ihren Dom und alle Kirchen, mehr als die Patriziertürme der Millionäre des Mittelalters schätzen die Regensburger doch ihre »Steinerne Brücke«. Die alte Dame überspannt seit bald 860 Jahren die Donau und galt im Mittelalter geradezu als Weltwunder. Weil sie heute zwar ansehnlich ist wie je, ihre Sandstein-Bausubstanz aber ins Bröseln zu kommen droht, wird engagiert um Regensburgs Brückenzukunft gestritten: um einen Brückenneubau in Sichtweite der alten Brücke, der das Stadtbild verhunzen könnte, um die Sperrung für Busse, die Umwege für die Busbenutzer und Unruhe in die von der Bus-Umleitung betroffenen Wohnviertel brächte. Teuer wird es ohnehin werden: mindestens um die 15 Millionen.

WOHLSTAND UND GEMÜTLICHKEIT

Ehemals Residenz der Regensburger Bischöfe, darum auch nah bei dem großartigen Dom St. Peter gelegen, strahlt das Hotel Bischofshof am Dom seit Jahrzehnten Wohlstand und Gemütlichkeit aus.

Hotel Bischofshof
Krauterer Markt 3, 93047 Regensburg
Tel. 09 41/5 84 60, Fax 5 84 61 46
www.hotel-bischofshof.de

WEITERE INFORMATIONEN ZU REGENSBURG

Fremdenverkehrsamt im Alten Rathaus
Tel. 09 41/5 07 44 10, Fax 5 07 44 19
Websites: www.regensburg.de/tourismus, www.regensburg.de/museumsportal

39 Meersburg – Kleinod am Bodensee

Reben, Poesie und eine uralte Burg

Um den »See, der uns von ferne die Herzen lockt« (Eduard Mörike) sind Deutschlands höchstgelegene Weinberge zu finden, bis zu 480 Meter über dem Meeresspiegel. Doch die Klimaprobleme, die das mit sich bringen könnte, werden von dem Wärmespeicher »Bodensee« größtenteils aufgewogen. Dazu kommt noch: die Wasserfläche des Sees wirkt als riesiger Reflektor und spiegelt das Sonnenlicht so wirksam, dass die Reben bis in den späten Herbst reifen können und die Winzer von Lagen wie der »Meersburger Sommerhalde« köstliche Weine keltern.

Mitte: Wo die Konstanzer Fürstbischöfe ein Jahrtausend lang herrschten: das Meersburger Neue Schloss, nach Plänen Balthasar Neumanns 1740/50 erbaut.
Unten: Bodenseeweine sind unter Kennern berühmt!
Rechte Seite: In der Bürgerstadt Meersburg ist fast jedes Haus sehenswert.

Wie die Reben und die Blumengärten, wie die Palmen in den Parks genießen Anwohner und Gäste des Dreiländersees das milde, zuzeiten auch sonnenheiße Seeklima. Konstanz, Überlingen, Langenargen, Lindau zählen zu den schönsten Städten am deutschen Bodensee-Ufer. Die Allerschönste aber, so empfinden wir es bei jedem Aufenthalt am See, ist wohl doch die einstige Bischofsresidenz Meersburg, gegenüber von Konstanz auf einer Uferhöhe gelegen. Das »Neue Schloss«, das sich die geistlichen Herren in Konstanz um die Mitte des 18. Jahrhunderts in Meersburg bauen ließen, grüßt mit seiner repräsentativen Pracht über den Rebhängen. Es war ein Stararchitekt aus Würzburg, der den Auftrag übernommen hatte, der hochproduktive Barockmeister Balthasar Neumann (1687–1753). Er war damals schon in ganz Europa als Schöpfer der fürstbischöflichen Würzburger Residenz berühmt.

Noch weitaus spannender, vielschichtiger ist Meersburgs Altes Schloss zu erleben, die »Meersburg« mit dem markanten Stufengiebel und noch reichlich historischem Inventar. Deren Anfänge liegen im historischen Dämmer des 7. und 8. Jahrhunderts oder noch früher, in der Merowingerzeit, sie gilt als älteste bewohnte Burg Deutschlands. Auch die Meersburg war lange im Besitz der Konstanzer Fürstbischöfe, gehört seit mehr als 150 Jahren aber Privatpersonen. Der Erste war der Altertumsforscher Freiherr von Laßberg, Schwager der Annette von Droste-Hülshoff (1797–1848). Der Dichterin aus dem Münsterland wurde Meersburg in ihrem letzten Lebensjahrzehnt zur Wahlheimat, sie schrieb leidenschaftliche Verse »Ich steh auf

hohem Balkone am Turme / … lass gleich einer Mänade den Sturm / mir wühlen im flatternden Haare«, erfuhr die Liebe zu einem jüngeren Mann, konnte sich das »Fürstenhäusle« oberhalb der Altstadt als eigenen Wohnsitz erwerben. Ganz so wie zu ihrer Zeit eingerichtet sind dort die Räume erhalten, auch Gedenkzimmer in den Mauern der Meersburg, wo sie Gast von Schwester und Schwager war.

Museales im Neuem Schloss, Mittelalterliches in der Meersburg und Literarisches im Fürstenhäusle – das ist reizvoll, rührt mit dem langen Atem der Geschichte, des dramatisch gelebten Lebens an. Eingebettet sind die historischen Fixpunkte in eine Kleinstadtgestalt, die einzigartig reich an schönen Gassen, Plätzen und Winkeln ist. Immer wieder wandert man zwischen Oberstadt und Unterstadt, spaziert auf der Steigstraße an vielerlei bunten Läden zum turmartigen Obertor hinauf – auch dieses mit Stufengiebel –, freut sich an Fachwerk und Schmiedeeisen, an den bemalten Fensterläden. Oder genießt die Platanenpromenade drunten am See. Oder die Wirtshaus-Behaglichkeit mit getäfelten Wänden und schweren Holztischen. »Löwen« und »Bär« heißen Wirtshäuser und strahlen das warme Rot ihrer Hauswände, das kräftige Grün des Weinlaubs aus, das die Fassaden umfängt. All das trägt noch bei zur Meersburger Augenlust.

Wie passt es zu so nostalgischem Ambiente, dass im Neuen Schloss ein Dornier-Museum zu besichtigen ist, zu Ehren des Flugzeugpioniers Claude, genannt Claudius Dornier? Der Bodensee war auch Entwicklungsort der lenkbaren Luftschiffe des Grafen Zeppelin in Friedrichshafen, ein Mitarbeiter Zeppelins war dieser Claudius Dornier aus Kempten im Allgäu. 1914 gründete er gleichfalls in Friedrichshafen die Dornier-Werke.

GEMÜTLICHER GASTHOF MIT 500 JAHRE TRADITION

Die alte Bischofsstadt hat auch ein Romantik-Hotel der Michelin-Kategorie »sehr komfortabel« zu bieten. Doch warum nicht in einem gemütlichen Gasthof wie dem Löwen nächtigen, der schon rund 500 Jahre an seinem Platz steht und jüngst einige seiner einfachen 21 Zimmer renovierte bzw. um einige Punkte komfortabler machte? Das Restaurant (Nov.-April geschlossen) ist holzvertäfelt. Terrasse.

Hotel Löwen
Marktplatz 2, 88709 Meersburg
Tel. 0 75 31/4 30 40, Fax 43 04 10
info@hotel-loewen-meersburg.de

WEITERE INFORMATIONEN ZU MEERSBURG

Meersburg Tourismus
Tel. 0 75 32/44 04 00, Fax 4 40 40 40
Websites: www.meersburg.de, www.burg-meersburg.de

40 Bodensee bayerisch: Lindau

Halbinsel unter glücklichem Stern

Eine der schönsten Landschaften der Erde breitet sich um den Bodensee aus. Nördlich der Alpen erstrecken sich seine Ufer, insgesamt 263 Kilometer lang (so weit wie von München nach Karlsruhe), aber im milden Klima gedeihen Palmen und sogar Bananenstauden, in den Bauerngärten feiern Malven, Rosen und Rittersporn ihr allsommerliches Farbenfest. Einen der schönsten Ausblicke auf die Weite des Sees und die Gipfelgrate der Alpen gewinnt man von Lindau aus, der einstigen Insel, die aber per Straßenbrücke und per Bahndamm doppelt mit dem Festland verbunden ist. Die »Seebrücke« ist nur gut 150 Meter lang, der Bahndamm über einen halben Kilometer. Die Wasserfläche zwischen den beiden Dämmen gehört zwar zum »Bodensee«, trägt aber ihren eigenen bescheidenen Namen: »Kleiner See«.

Lindauer Ansichten vom See her: am Hafen grüßt der Mangturm aus dem Mittelalter, und der bayerische Löwe wacht über das Münchner Hoheitsrecht. Rechte Seite: Dicht an dicht machen die Yachtsegler ihre schicken Boote im Lindauer Hafen fest. Und sind rasch draußen, weitab von Nobelvillen und Bodensee-Dörfern.

Fast gleich, aus welcher Himmelsrichtung man kommt, der Landweg nach Lindau führt durch erfreuliche Hügellandschaften, Obstgärten und Wiesen, mit ländlichen Siedlungen, vom Westen am Bodenseeufer entlang an Wasserburg vorbei, von Osten reist man an den Allgäuer Alpen entlang, von Norden über Leutkirch und Wangen, durchs Schwabenland. Die Bundesstraße 31 Richtung Friedrichshafen hat man aber vor Jahren schon landeinwärts verlegt, die ufernahe Straße ist schmaler, nicht mit viel Verkehr belastbar. Nur bei der Anfahrt von Süden her, von Bregenz, dominieren Straßen, Autobahnabschnitte, Gewerbebauten die Uferlandschaft. Der allerschönste Weg von und nach Lindau führt aber über den See, und der Handel über den See hat die Stadt wohlhabend und reich gemacht.

Nur um die 30 000 Einwohner hat Lindau, und nicht alle leben auf der Halbinselstadt, manche auch in der Gartenstadt auf dem Festland. Blick in die Geschichte, zu den Anfängen zurück: Im 9. Jahrhundert existierte auf der Insel bereits ein adliges Damenstift Unserer Lieben Frau. Schon lang ist es her, man weiß es aber: Als sich im 12. Jahrhundert die wirtschaftliche Kraft der Inselbewohner so stabil entwickelte, wie sich das heute viele Städte nur noch wün-

schen können, muss die benachbarte Festlandgemeinde Aeschach ihre Marktrechte an Lindau abtreten. Dies geschah 1180, München war erst vor wenig mehr als dreißig Jahren gegründet worden. Im 13. Jahrhundert erlangte Lindau die Privilegien einer Reichsstadt. »Schwäbisches Venedig« nannten es manche bald. Auch wenn das eine Lobhudelei war, die Lindauern hörten es gerne. Ihr Handel mit Korn und Salz blieb über lange Zeiten einträglich. Erst nach dem Ende des alten Reichs und seiner kaiserlichen und königlichen Privilegien und Freiheiten musste Lindau die Wittelsbacher in München als ihre Regierung anerkennen: Lindau gehört seit dem Jahr 1805 zum Königreich, später zum Freistaat Bayern. König Maximilian II., Sohn des antikenbegeisterten Ludwigs I., schätzte Lindau so sehr, dass sich damals bereits viele Münchner Adlige und Kaufleute am bayerischen Bodenseeufer ihr Haus bauten.

Stadtrundgänge mit Lust

Der Lindaurundgang ist fast Pflichtprogramm. Im zwar nicht autofreien, aber verkehrsberuhigten Stadtambiente lässt es sich spazieren und flanieren, von allen Seiten ziehen prächtige Stufengiebel und bemalte Fassaden das Auge an, verweilt man gerne in Betrachtung so bilderreichen Fassadenschmucks wie am Alten Rathaus an der Maximilianstraße und am »Haus zum Cavazzen«. Manche nennen es das schönste Bürgerhaus im Bodenseegebiet. Andere Schmuckstücke sind das Gasthaus zum Sünfzen, im Kern noch aus dem 14. Jahrhundert, das Haus Erath und das Haus zur Brotlaube. Dazu die vielen Cafés, Bistros, Läden und Boutiquen – man darf sich Zeit nehmen.

Trotz allem, die Entfernungen sind eher kurz, es dauert gar nicht lange, bis man am Hafen den bayerischen Löwen entdeckt hat, an der Einfahrt hält er die Wacht oder begrüßt die Ankömmlinge, so wie ihn der Skulpteur Johann von Halbig vor anderthalb Jahrhunderten, 1856, geschaffen hat. Hoch überragt den Löwen Lindaus 33 Meter-Leuchtturm, und als ein Rest des Lindauer Mittelalters überdauert der Mangturm.

Ein Kapitel für sich sind die Kirchen: wer dem Wechsel der Zeiten in der Kunstgeschichte nachspürt, hat in der Lindauer St. Stephanskirche am Marktplatz ein markantes Beispiel: ursprünglich aus gotischer Zeit, wurde sie im 16. Jahrhundert völlig umgestaltet, schließlich fand man eine barocke Stuckdekoration unentbehrlich. Die Kirche St. Maria, dem erwähnten Damenstift verbunden, ist aber ein Neubau Johann Caspar Bagnatos aus der Mitte des 18. Jahrhunderts, nachdem der Vorgängerbau abgebrannt war.

Wandert man noch auf dem Uferweg um die Insel? Der Diebsturm oder Malefizturm am Schrannenplatz und der Pulverturm am westlichen Seeufer erinnern an härtere Zeiten. Den Abend sollte man am Hafen erleben: wenn die Luft milde und die Illumination der Giebel und Balkone alles in vollem Glanz erstrahlen lässt. Auch Lindau leuchtet dann.

RUSTIKAL UND PREISGÜNSTIG

In angenehmer Lage am Stadtgarten ist das Hotel Brugger (garni) mit 23 behaglich rustikal gestimmten Zimmern, Wintergarten und Innenhof auch preisgünstig (Mitte Nov.-Ende Dez. geschlossen).
Hotel Brugger
Bei der Heidenmauer 11, 88131 Lindau
Tel. 0 83 82/9 34 10, Fax 41 33
www.hotel-garni-brugger.de

WEITERE INFORMATIONEN ZU LINDAU AM BODENSEE

Prolindau Marketing GmbH & Co. KG
Tel. 0 83 82/26 00 30, Fax 0 83 82/26 00 26
Websites: www.prolindau.de

Mitte: Blick auf die Bischofsstadt Füssen, dem Königswinkel nah benachbart.
Unten: In schönster Lage im Wiesengrün vor den Königsschlössern: das Kirchlein St. Koloman.
Rechte Seite: ein dramatischer Standort vor dem Felshang, eine Ritterburg, ein Traumziel: König Ludwigs II. Neuschwanstein.

41 Im Königswinkel bei Schwangau

Neuschwanstein und mehr

Die Wittelsbacher hatten sich schon immer schönste Bauplätze in ihrem weißblauen Bayernland ausgeguckt. König Ludwig II. übertrumpfte sie alle: als er den Felssporn über der Schlucht der Pöllat für seinen Schlossbau »Neuschwanstein« wählte. Seinem Sinn für ungestörte Naturschönheit wie seiner Neigung zu großem Theater kam der Fels zwischen den steilen Waldhängen des Tegelbergs und den Felsflanken des Säulings zupass: hochromantisch, entlegen, königlich. Gerade richtig, um seinen unzeitgemäßen Traum, Neuschwanstein »im echten Stil der alten deutschen Ritterburgen« aufzubauen.

Zu behaupten, die folgenden Generationen hätten diesen Wunschort nie angetastet, wäre ganz falsch. Ein Ort, der Jahr um Jahr weit über eine Million Besucher anzieht, braucht eine andere Infrastruktur als eine Einsiedelei. Doch eine Allianz aus Ludwig-II.-Verehrern, Natur- und Denkmalschützern verhütete Schlimmeres. So blieb die Zahl der Zubauten im nächsten Umkreis Neuschwansteins minimal, der Bergwald bis zum Dorf Hohenschwangau erhalten und die Straße zum Schloss hinauf für Autos ohne Ausnahmegenehmigung gesperrt. Wer nicht zu Fuß gehen mag, lässt sich von kräftigen Rössern im Kutschwagen zum Schloss befördern. Die Schutzzone um Ludwigs weltberühmtes Traumschloss reicht sogar bis ins Alpenvorland, bis zur Bundesstraße von Schongau nach Füssen und zum Forggensee beim Dorf Schwangau.

Jahrelang wurde um das Ludwig-Musical-Theater am Südufer des Forggensees beim Dorf Brunnen gerungen. Als der architektonisch reizvoll gelungene Bau dann doch 1999 mit der Premiere von Stephan Barbarinos »Ludwig II. – Sehnsucht nach dem Paradies« öffnete, bestätigte sich einmal mehr der ungebrochene Ludwig-Enthusiasmus: binnen eines halben Jahres sahen 250 000 Besucher das mit Romantik, Witz und Bühnenüberraschungen gewürzte Musical. Auf eine Finanzkrise folgte alsbald ein zweites Ludwig-Musical.

Zum Glück füllen nicht immer Menschenmengen die wundersam schöne Landschaft um Pöllatschlucht und Alpsee. Wer sich aus dem betriebsamen Dorf Hohenschwangau zur Rundwanderung um den Alpsee und zum Schloss Hohenschwangau aufmacht, kann sich

Die glanzvolle Allgäu-Landschaft des Königswinkels, wo die Alpen unvermittelt aus der Ebene aufsteigen und das Angebot an Souvenirs unerschöpflich ist. Rechte Seite: Das mittelalterliche Schloss Hohenschwangau, schon von Maximilian II. Joseph restauriert – und der ganz einzigartig schöne Ausblick auf Alpsee, Schwansee und die Allgäuer Alpen.

im Westufer-Walddickicht auf bald schmalerem Pfad ganz ungestört finden – alle anderen zieht's zumeist nach Neuschwanstein.

Starkes Erleben von Landschaftsschönheit prägte den Kronprinzen Ludwig während der Sommeraufenthalte der königlichen Familie auf Schloss Hohenschwangau. Seine preußische Mutter Marie wanderte mit Ludwig und seinem jüngeren Bruder Otto. Zum Beispiel am 22. August 1857, drei Tage vor Ludwigs zwölftem Geburtstag, auf den Säuling, den mächtigen Zweitausender-Felsblock oberhalb des Alpsees. Zu einer solchen königlichen »Fußreise« gehörte Gefolge. Laut Schlosschronik waren eine Gräfin Fugger, Hofdame der Königin, zwei Prinzenerzieher, ein Bergführer sowie der Hofkoch Hölzelmeier sowie eine Schar von Trägern mit von der Partie. Dreieinhalb Stunden genossen die königlichen Herrschaften am Gipfel den großen Rundblick, bevor sie auf Steilwegen zum Dorf Pflach im Lechtal abstiegen.

Schwanenkult vor »Lohengrin«

Das Schloss Hohenschwangau, damals als »Schwanstein« bekannt, hatte schon Ludwigs Vater, König Maximilian II. Joseph, erworben und vor dem Verfall gerettet. Trotz seiner neogotischen Fassaden ist Schloss Hohenschwangau also im Kern eine echte mittelalterliche Burg. Maximilian II. Joseph stand schon zu Lebzeiten im Schatten seines genialischen Vaters, strahlte kein Charisma aus wie der Antiken-Erneuerer Ludwig I. und wie später zu Anfang seiner Laufbahn auch Ludwig II. Doch romantische Phantasie beflügelte auch den Schlossherrn Maximilian II. Joseph: mit Wandbildern, prunkenden Tafelaufsätzen und dem Schwanenrittersaal mit blaugoldenem Netzgewölbe huldigte er dem Schwanenkult. Und gab seinem Sohn Ludwig mit der Lohengrinsage einen hochwirksamen Phantasiestoff – noch bevor Richard Wagner seinen »Lohengrin« komponierte.

Aber dem Kronprinzen genügte Hohenschwangau nicht, er hatte eigene Pläne. Mit noch nicht zwanzig Jahren zum König gekrönt, reiste er alsbald nach Thüringen, um die Wartburg, sein architektonisches Vorbild, zu besichtigen, und nach Frankreich zum Schloss Pierrefonds bei Paris, das Frankreichs Ruinen-Erneuerer Viollet-le-Duc gerettet hatte. Auf dem vorgesehenen Bauplatz über der Pöllatschlucht hatte bereits im Mittelalter eine kleinere Burg gestanden. Nicht nur ihr Ruinenrest, der Fels selbst musste um mehrere Meter abgetragen werden, um Platz für Ludwigs »Neuschwanstein«-Vision zu schaffen.

Mit dem Pathos seiner Zeit begeisterte sich Ludwig an seinem Projekt: »Der Punkt ist einer der schönsten, die zu finden sind, heilig und unnahbar, ein würdiger Tempel für den göttlichen Freund, durch den einzig Heil und wahrer Segen der Welt erblühte«. Denn das war dem Jungkönig zum Kern des Plans geworden: dem bewunderten Richard Wagner ein Ausweichquartier »mit herrlicher Aussicht auf die Gebirge Tirols« zu schaffen. Vor den Gläubigern hat Lud-

wig den Meister gerettet, hat die Aufführungen seiner Opern im Münchner Hof- und Nationaltheater ermöglicht. Und hat Wagner doch nicht in München halten können. Zu heftig kochte die bajuwarische Volksseele vor Zorn über den zumeist verschwenderischen, zuweilen auch undankbaren Gast und vor Empörung über den geplanten Bau des Wagner-Opernhauses über dem Isarufer in München. Ludwig selbst wurde öfters zum Opfer des hoch entwickelten Wagner-Egoismus, ein peinliches Beispiel ist die vom Meister erschlichene königliche Ehrenerklärung während Wagners außerehelicher Liaison mit Cosima von Bülow, die später Wagner in zweiter Ehe heiratete.

Der einsame König und 50 Millionen Besucher

Drei Jahre setzte Ludwig II. für den Bau von Schloss Neuschwanstein an. Aber 16 Jahre dauerte es, bis er zum ersten Mal darin wohnen konnte, 1884. Richard Wagner war im Jahr zuvor gestorben. Wie ein Symbol für Ludwigs zunehmende Vereinsamung blieben die im Stockwerk unter dem Thronsaal vorgesehenen Gastzimmer unausgebaut, die mächtigen eisernen Träger unverkleidet. Erst seit Anfang des 21. Jahrhunderts nutzt man diese Räume für die Schlossbesucher, hat ein Café, einen Souvenir- und Buchladen, einen Videosaal eingerichtet. Und konnte im Juli 2005 den 50 000 000. (in Worten: fünfzigmillionsten) Besucher begrüßen.

Natürlich braucht sich niemand um die alten Geschichten um den »Märchenkönig« und sein bitteres Ende zu grämen, wenn man in der zauberhaften Landschaft zwischen Tegelberg und Säuling, zwischen Alpsee und Pöllattal unterwegs ist. Das größte Naturschutzgebiet im Alpenraum erstreckt sich östlich vom »Königswinkel«, die Ammergauer Alpen zwischen Lech und Loisach. Westlich vom Königswinkel ist man rasch in Füssen. In der schönen alten Stadt liegt der »Schwabenapostel« St. Magnus, ein irischer Mönch aus St. Gallen, im Benediktinerkloster St. Mang begraben und ein halbes Jahrtausend nach seinem Tod bauten die Augsburger Bischöfe im 13. Jahrhundert ihr »Hohes Schloss«. Die deutschen Alpen sind überall von großartiger Schönheit. Aber wer die Landschaft um den Königswinkel erwandert hat, wird doch nicht bezweifeln, dass sie zu den allerschönsten zählt?

SCHLICHTE ELEGANZ

Seit hundert und mehr Jahren schon empfängt das Schlosshotel Lisl seine Gäste: ein geräumiges Haus mit stattlichem Terrassenvorbau, die Außenfassaden 2005 renoviert, ortszentrumsnah und zugleich am Wald gelegen – in Hohenschwangau ist das möglich. Die nur 35 Zimmer, mehrere davon mit Ausblick auf die Königsschlösser, erfreuen mit schlichter Eleganz. Das Restaurant »Wittelsbacher Salon« bietet zu bayerischer, nationaler und internationaler Küche gleichfalls den königlichen Ausblick.

Schlosshotel Lisl & Jägerhaus
Neuschwansteinstraße 1–3,
87645 Hohenschwangau
Tel. 0 83 62/88 70, Fax 8 11 07
www.lisl.de

WEITERE INFORMATIONEN ZUM »KÖNIGSWINKEL«

Tourist-Information Hohenschwangau oder Schwangau
Karten zu den Schlössern im Ticket-Center Hohenschwangau (jeweils für den selben Tag, zu bestimmter Einlasszeit!)
Tel.0 83 62/93 08 30, Fax 9 30 83 20
Websites: www.hohenschwangau.de, www.schwangau.de, www.festspielhaus-neuschwanstein.de

In der Ferne die Alpengipfel, rundum das von den Eiszeiten geformte Hügelland des Pfaffenwinkels mit Talgründen, Dörfern und sommerlich blühenden Wiesen – wo hätte sich für die Wallfahrtskirche des »gegeißelten Heilands« ein besserer Platz gefunden? Alle Generationen pilgern hierher, auch die Kinder oft noch in ihrer Tracht (rechte Seite).

42 Die Wieskirche

Juwel des bayerischen Rokoko

Die Wallfahrtskirche »Zum gegeißelten Heiland auf der Wies« ist zum Inbegriff bayerischer, auf Volksfrömmigkeit gegründeter Kunst des 18. Jahrhunderts geworden. Noch immer kommen Tausende Pilger zu diesem wundersam schönen Rokokobau, voller Hoffnung, vorm Gnadenbild des gemarterten Christus Erlösung von ihrer Not, Erfüllung ihrer Bitten zu finden.

Gar nicht freundlich oder liebreich ist die von ungeübter Hand geschnitzte Christusfigur am Hauptaltar anzusehen. Zwei Patres des Prämonstratenserklosters Steingaden haben sie um 1730 geschaffen, mit ungeübten Händen wohl, so ungefüge wie ausdrucksstark. Viel später nannte man solche Kunst expressionistisch.

Das Christusbild war für die Karfreitagsprozession bestimmt, verschwand aber bald auf dem Speicher eines Steingadener Wirts. Eine Verwandte brachte es später der Bäuerin »in der Wies«, so lautete der Hofname. Am 14. Juni 1738 hat man Tränen auf dem Gesicht des Gegeißelten wahrgenommen (im selben Jahr sprach der Papst einen Bannfluch gegen die aufklärerische Freimaurerei aus). Hunderte Gläubige kamen, das Mirakel zu sehen, bald wurden es Tausende. 1740 stellte man die Christusstatue in eine einfache Feldkapelle. Wieder fünf Jahre später, der Andrang hatte noch immer zugenommen, begann der Architekt Dominikus Zimmermann (1685–1766) aus Wessobrunn mit dem Bau der Wieskirche, im Auftrag des Klosterabts im benachbarten Steingaden. Dominikus' älterer Bruder Johann Baptist (1680–1758), einer der meistbeschäftigten Freskomaler und Stukkateure seiner Zeit, übernahm die Gestaltung des Innenraums. Schon 1779 schreibt der Wallfahrtspriester der Wieskirche in seinem Büchlein »Wahrer Ursprung und Fortgang der Wallfahrt des gegeißelten Heilands auf der Wies« staunend über den enormen Zulauf der Pilger: »Was soll ich noch mehrer von diesem Gnadenfluss melden, da selber jetzt schon ganz Europa durchströmet, wenn sogar von Petersburg in Russland, von Gotenburg in Schweden, von Amsterdam in Holland, von Kopenhagen in Dänemark, von Christianenburg (=Oslo) in Norwegen, von Nimes in Frankreich, von Cadiz in Spanien Wallfahrter dagewesen?« Die »Wies« ist ja keineswegs die einzige Rokokokirche im Umkreis der »Romantischen Straße«. In Hohenfurch, in Rottenbuch, Wessobrunn und Wildsteig findet man andere. Hieß die Landschaft doch auch »Pfaffenwinkel«. Das klingt heute abfällig, wie ein Scheltwort, hört sich nach finsterer Abgeschiedenheit an. Damals war man unter der Herrschaft der Äbte gut aufgehoben. Jeder ein kleiner König in seinem Sprengel, führten die Klosteräbte keine Kriege, wirtschafteten ordentlich, und nach dem Bau all der Kirchenherrlichkeiten blieb immer noch genug Geld in den Kassen, um bei eigenem Wohlleben das Landvolk nicht darben zu lassen.

»Nicht zusperren, sondern aufsperren!«

In keiner anderen Kirche des Pfaffenwinkels hat aber das heitere, dem Himmel dankende Lebensgefühl dieser friedlich grünen Landschaft so strahlenden Ausdruck gefunden wie in der Wieskirche. Früh aufstehen, morgens schon, um zeitig am Ort sein! Still liegen die Hügel und Bauernhöfe, schön stehen einzelne Bäume vor dem Hintergrund der Wälder und der Trauchgauberge. Das breite ziegelrote Dach der Wieskirche, die weiß gekalkten Mauern und der zierliche Turm ziehen den Blick an, der fast allein stehende Bau auf sanfter Hügelhöhe – nebenan, etwas tiefer benachbart ein breiter Gasthof – fügt sich wie zugehörig in die Landschaft. Um neun ist der Andrang noch mäßig, man tritt in die lichte Raumschöpfung der Brüder Zimmermann ein, erlebt das Himmelsblau der täuschend echt ausgemalten Kuppel, den Goldglanz der Seitenaltäre vor weißen Wänden, die schwingenden Wellen- und Bogenformen der Silberleuchter und schmiedeeisernen Gitter. Rund eine Million Besucher kommt alljährlich. Kann man da noch beten? In der Wieskirche hält man nicht viel von Verboten, nimmt auch kein Eintrittsgeld. »Nicht zusperren, sondern aufsperren!«, hörten wir vom Pfarrer der Wies. Und bei den Votivgaben der Gläubigen sieht man die kleinen Papierstreifen mit Bitten und Dankesworten. Dass Menschen aus aller Welt kommen, dass sie sich interessieren, hält der Pfarrer erst einmal für positiv. Wenn Gottesdienst gehalten wird, steht jemand hinten am Eingang und sorgt für Abstand.

Um den kostbaren Bau zu bewahren, haben sich immer wieder Kirche, Gemeinde und Staat engagieren müssen. 1803, nach der Säkularisation der Klöster und geistlichen Herrschaften (man darf auch sagen: nach ihrer Enteignung) drohte sehr konkret die Versteigerung der Kirche auf Abbruch, die umwohnenden Bauern retteten sie mit Bittschriften und unter persönlichen Opfern. 1983 sorgte der Augsburger Bischof Joseph Stimpfle für die Wiederbelebung der »Bruderschaft zum Gegeißelten Heiland auf der Wies«. Übungsflüge von Militär-Jets über der Kirche erschütterten in den folgenden Jahren den Bau, es dauerte, bis die Flugschneisen geändert wurden – und es kostete, bis die Schäden repariert waren. Über zehn Millionen Mark wurden ausgegeben, auch um die übermalte Originalfassung der Ausmalung wieder sichtbar zu machen. Heute steht die Kirche als »Weltkulturerbe« auf der Liste der UNESCO.

WEITERE INFORMATIONEN ZUR WIESKIRCHE

Pfarramt Wieskirche
Tel. 0 88 62/9 32 93-0, Fax 9 32 93-10
Websites: www.pfaffenwinkel.com, www.rottenbuch.de

Mitten in der Stadt und doch in weiträumiger Parklandschaft kann man seinen Morgen-, Mittag- oder Abendspaziergang machen – und liebt darum München noch mehr. Am Chinesischen Turm lassen sich Einheimische wie Touristen ihr Bier schmecken – und der Monopteros (rechte Seite) ist ein idealer Treffpunkt.

43 Münchens größtes Gartenglück

Länger als zwei Jahrhunderte schon: Lust am Englischen Garten

Park-Genießer halten dies für die beiden Hauptereignisse des Jahres 1789, auch wenn es nicht so in den Geschichtsbüchern steht: Im Juli stürmten die Pariser die Bastille, im August ordnete der bayerische Kurfürst Karl Theodor die Gründung des Englischen Gartens in München an. Erst 1780 war der Hofgarten bei der Residenz für die Münchner geöffnet worden. Nun sollte das vielfach größere Areal eines jahrhundertelang den fürstlichen Jagdgelüsten vorbehaltenen Hirschgeheges fürs erholsame Spazieren der Bürger »aller Stände« umgestaltet werden. Nicht revolutionär und ohne Guillotine, aber doch einschneidend veränderte sich im Bayernland das Verhältnis zwischen Volk und Feudalherrn, die neue Garten- und Parkkultur war ein Beispiel.

Ein Amerikaner in München und ein genialer Gartenkünstler aus dem Hessischen wurden zu den eigentlichen Schöpfern des Englischen Gartens: Benjamin Thompson aus Massachusetts, später zum Grafen von Rumford geadelt (1753–1814), und Friedrich Ludwig Sckell (1750–1823), der in England zum Protagonisten des Landschaftsgartens geworden war.

Beide machten brillant Karriere. Thompson, hoch begabter Experimentalphysiker, Politiker und Militärfachmann, avancierte in London zum Unterstaatssekretär und in München zum bayerischen Kriegsminister und Sozialreformer. Eines von vielen Militär- und Sozialprojekten, für das Thompson den Kurfürsten gewann, war um 1785 die Umgestaltung des Jagdreviers nördlich von München in Militär- und Tierarzneigärten, mit Modellfarmen zur landwirtschaftlichen Fortbildung, auch zur Ausbreitung der Kartoffel. Zur Verwirklichung eines Volksparks »Englischer Garten« konnte Thompson dann 1789 Sckell berufen. Der noch jugendliche Meistergärtner hatte inzwischen bei Aschaffenburg den Schönbusch und in Schwetzingen den Schlosspark zu englischen Landschaftsparks umgestaltet.

Der Eisbach, ein Abzweig der Isar, strömt durch den Englischen Garten, breitet sich zum Kleinhesseloher See aus. Um dessen Insel rudern Verliebte und Eltern mit ihrem Nachwuchs, nachher treffen sich fast alle im Biergarten – je nach Wunsch am Chinesischen Turm (rechte Seite oben) oder auch direkt am Seeufer. Mitte: Pavillon im nahen Hofgarten.

Der ruhelos reformerische Rumford wechselte 1798 nach England und später nach Paris. Sckell aber blieb nach kurzem badischen Intermezzo in München, konnte seit 1804 als »Hofgartenintendant« das Parkareal zwischen Isar und Schwabinger Bach bis zum Wirtshaus »Aumeister« vergrößern und vollenden. Wichtige Jahre für den Englischen Garten: erst nur provisorisch Angelegtes wurde umgestaltet, fand zur dauernden Form. Und der Englische Garten wuchs in jene Dimensionen, in denen er bis heute zur Spitzengruppe der weltweit größten innerstädtischen Parks zählt – kleiner als der Bois de Boulogne in Paris und der Phoenix Park in Dublin, etwas größer als der New Yorker Central Park. (Umgerechnet auf die 7,4 Millionen Einwohner New Yorks haben die 1,3 Millionen Münchner also reichlich, fast sechsmal mehr Platz.)

Landschaftspark mit geliebtem Inventar

Die nicht mehr ganz jungen Münchner spazieren schon ein halbes Jahrhundert immer wieder im Sommergrün und Winterweiß des Englischen Gartens, zwischen Prinzregentenstraße und Kleinhesseloher See oder auch im nördlichen Teil jenseits der Verkehrsschneise des Isarrings. Zuallermeist fühlen sie sich wohl und fast zu Hause in der mit lebendigen Wasserläufen, Wiesenflächen und Waldgrün naturnah komponierten Parklandschaft. Selbst den Studenten an der benachbarten Ludwig-Maximilians-Universität sind nach ein paar Semestern Baumgruppen und Bäche und die immer wieder begangenen Wege (alle zusammen messen sie 78 Kilometer, 12 Kilometer Reitwege eingeschlossen) vertraut wie eine eigene grüne Wohnung. Eingriffe in den Park, Umnutzungen von Teilarealen sind zumeist abgewehrt worden. Zu den gravierendsten Ausnahmen zählen Hitlers »Haus der Kunst« und die Verkehrsbauten der Nachkriegsjahrzehnte, am brutalsten der vielspurige »Isarring«, Teilstück des Mittleren Rings, der gleich nördlich vom Kleinhesseloher See den Park durchschneidet.

Sonst entkommt man trotz der dichten Bebauung und der Straßen ums Parkgelände rasch dem Verkehrslärm. Die Stille lässt Vogelstimmen vernehmen und steigert noch die altmünchnerische Anmutung des Englischen Gartens. Seine Bauten standen zumeist schon, als Automobile noch unbekannt waren und die Wittelsbacher herrschten. Den Rundtempel »Monopteros«, ein Wahrzeichen des Englischen Gartens, setzte schon 1836 König Ludwigs I. Hofarchitekt Leo von Klenze auf einen Hügel, den Carl August Sckell aus Bauschutt der Münchner Residenz am Wiesengrün aufgeschüttet hatte. Noch älter ist das klassizistische »Rumfordhaus«, als Offizierskasino 1791 dicht beim »Chinesischen Turm« erbaut. Und dieser entstand als erster größerer Bau des Englischen Gartens schon 1789/90, ein Münchner Beispiel der europäischen Chinamode, nach dem Muster der noch deutlich höheren »Großen Pagode« in Londons Kew Garden. 1944 durch Brandbomben zerstört, wurde der exotische Holzbau 1952 erneuert, immer wieder ein Treffpunkt von Tausenden,

weil gleich dabei die Bänke und Tische von Münchens zweitgrößtem Biergarten warten. Viele Gäste wollten schon als Kinder immer zum Chinesischen Turm, wegen des pittoresk bunten Karussells, das mit seinem Figurenzauber, Lampen und Dekorationen der absolute Nostalgie-Höhepunkt des Englischen Gartens bleibt – und im Kern fast so alt ist wie der Park.

Einkehr und beste Aussicht

Zum Einkehren laden auch das noblere »Seehaus« am Kleinhesseloher See, das einstige »Millihaus« am Eingang zum Park an der Veterinärstraße, in der Hirschau der gemütliche »Aumeister« und noch andere. An bestimmten Tagen bietet das zu Münchens Olympischen Spielen im Jahr 1972 authentisch errichtete »Japanische Teehaus« (nahe dem »Haus der Kunst«) die Teilnahme an einer original japanischen Teezeremonie. Weniger elitär als dort geht es am nahen Eisbach zu: Schwimmer und Surfer freuen sich an der starken kalten Strömung, Nacktbader auf der benachbarten Schönfeldwiese an der wärmenden Sonne. Diese Freikörperkultur war in den 1960er Jahren ein Gazetten-Thema und erhöhte den bundesweiten Bekanntheitsgrad des Englischen Gartens heftig. Heute interessiert viele der WLAN-Anschluss zum Internet, den die Biergärten am Chinesischen Turm und am Seehaus bieten. Und was ist der beste kostenlose Aussichtspunkt Münchens laut einer neueren Umfrage der »Süddeutschen Zeitung«? Der »Monopteros« im Englischen Garten. Von dort sind Bayerische Staatskanzlei, Neues Rathaus, Residenz und Theatinerkirche zu sehen – und kuschelnde Pärchen auf dem grünen Rasen.

DREI MINUTEN VOM ENGLISCHEN GARTEN

Wenige Schritte vom Englischen Garten empfängt seit Jahrzehnten das Biederstein am Englischen Garten, Hotel garni, seine Gäste.

Hotel Biederstein
Keferstraße 18, 80802 München
Tel. 0 89/3 89 99 70, Fax 3 89 99 73 89
www.Hotel-Biederstein.de

WEITERE INFORMATIONEN ZU MÜNCHEN, ENGLISCHER GARTEN

Fremdenverkehrsamt der Landeshauptstadt München
Tel. 0 89/2 33 03 00, Fax 23 33 02 69
Tourismusverband München-Oberbayern.de
Tel. 0 89/8 29 21 80, Fax 82 92 18 28
Websites: www.muenchen-tourist.de, www.muenchen.de, www.munich-info.de, www.schloesser.bayern.de

Bergwanderungen und Badeseen, bunt gefleckte Vieh auf den Almen, Dorfkirchen und Biergärten, Maibaumaufrichten ohne Maschinenkraft – alles, womit Oberbayern sich hervortut, ist im Werdenfelser Land beieinander. Mitte: Garmisch-Partenkirchen im Winterweiß. Unten: Geroldsee.
Rechte Seite: Schloss Elmau.

44 Werdenfelser Land zwischen Staffelsee und Zugspitze

Bei Lüftlmalern und Geigenbauern

Urbayerisch erscheint die steinerne Pracht von Karwendel und Wettersteingebirge. Doch sind gerade erst zweihundert Jahre vergangen, seit die einstige Grafschaft Werdenfels dem Königreich Bayern und in neuerer Zeit dem Freistaat Bayern zugehört. Zuvor hatten die Bischöfe von Freising das Sagen im »Goldenen Landl«, bis 1803. Bayern waren die Werdenfelser freilich schon vorher, und sie lebten unterm Krummstab nicht schlecht, die stattlichen alten Bauernhäuser bezeugen dies.

Heute liegt der Landkreis Garmisch-Partenkirchen in den Grenzen der einstigen Grafschaft, hat außer am Wetterstein- und Karwendelgebirge auch Teil an den Ammergauer Alpen westlich von Garmisch und am Estergebirge östlich davon. Schon in der Antike führten Handelswege aus Italien auf München zu – durch Partenkirchen das Loisachtal entlang wie auch durch Mittenwald und das Isartal. Die Not armer Bergbauern traf darum nicht alle, anders als in den meisten Alpengegenden. Im Werdenfelser Land kannte man Wohlstand schon vor dem Tourismus (allerdings nach dem Dreißigjährigen Krieg auch Mangel und Entbehrung).

Wer versteht ihren Dialekt?

Die Werdenfelser waren immer etwas Besonderes. Noch jetzt braucht ein Werdenfelser nur in seinem Dialekt zu sprechen, wenn er von Touristen und Zugereisten mit Sicherheit nicht verstanden werden will. Hochalpin ist das Werdenfelsische sozusagen, mit rauen Anklängen des Tirolerischen. Dennoch vermag sich Ga-Pa, Garmisch-Partenkirchen, Besuchern so attraktiv zu präsentieren, dass es zum meistbesuchten Fremdenverkehrsort der deutschen Alpen avancierte. Am Anfang stand die Schienenverbindung mit München (1899), dann folgten die Olympischen Winterspiele 1936. In der Folge fanden sich die im Jahr zuvor, 1935, gegen ihren Willen zur Marktgemeinde zusammengelegten Ortschaften Garmisch und Partenkirchen als modernes Touristenzentrum wieder, sportlich, kulturbeflissen, kommerziell-unterhaltsam, auch mit »events« von überregional weiter Ausstrahlung, wie den alljährlichen Richard-Strauss-Tagen. Lebte der Meister so großartiger Opern-

kompositionen, wie den »Rosenkavalier« und die »Salome«, doch in Garmisch-Partenkirchen, in den Jahren 1908 bis 1949 in seiner Jugendstil-Villa in der Zöppritzstraße 42.

Zugang zur Natur öffnet der Hauptort des Werdenfelser Landes auch, bietet aus Hotel- und Pensionsfenstern hinreißende Ausblicke auf das Wettersteingebirge und die Zugspitze, den höchsten Gipfel Deutschlands. Ga-Pa ist wie Mittenwald ein Zentrum für Ausflüge nach Tirol, ist ein Eldorado für Spaziergänger und Liebhaber von Bergseen, von Wildbächen und Klamm-Schluchten (Partnach- und Höllentalklamm), von Bergwäldern und den im Mai/Juni blühenden Almwiesen. Im Herbst ist die Luft von köstlicher Klarheit, das Gelb der Lärchen leuchtet zwischen dunklen Fichten, und die schneeglänzenden Felsgrate erfreuen das Auge immer neu.

Inspiriert von großer Natur

Übers Graseck und den Kranzberg lässt es sich von Partenkirchen nach Mittenwald wandern, in den Geigenbauerort, der sich zudem reich an schön bemalten Häusern zeigt, die Bayern nennen dies Lüftlmalerei. Die Künste blühen im Werdenfelser Land. In den Wäldern Partenkirchens und Mittenwalds ist Schloss Elmau seit einem Jahrhundert ein Kult-Kulturort (jüngst halb abgebrannt, doch wird es wieder aufgebaut). Höher hinauf überm Reintal ließ sich König Ludwig II. das Schachenschloss erbauen, von außen eine Jagdhütte, innen ein orientalisch-prächtiges Refugium. Dennoch bescheiden im Vergleich zu Schloss Linderhof im Graswangtal westlich vom altehrwürdigen barocken Benediktiner-Schulkloster Ettal. Mit Linderhof schuf sich der König sein nostalgisches Traumbild vom französischen Sonnenkönigtum mit vergoldeten Brunnenfiguren, Fontäne, Freitreppe, reicher Fassade, noch reicherer Inneneinrichtung. Der Schlosspark mit exotischen Bauten geht in den Bergwald des Ammergebirges über.

Nur wenige Jahrzehnte später nach dem Bau von Linderhof fanden die Maler der Künstlergemeinschaft »Blauer Reiter« in Murnau am Staffelsee zu Bildern von neuer, starker Farbigkeit – wie die »Fauves«, die »Wilden« in Frankreich. Noch heute sind schöne Beispiele der Kunst Wassilij Kandinskys, Gabriele Münters und Alexej Jawlenskys in Murnau, im Schlossmuseum, das wie eine alte Burg hoch über dem Marktplatz thront, und im Gabriele-Münter-Haus zu sehen.

BAYERISCH GENIESSEN

Bayerisch gemütlich und schmuck steht das Familienhotel Fraundorfer im alten Ortskern Partenkirchens, seit 1857. Unter den 30 Zimmern im Stammhaus und dem benachbarten Gästehaus »Barbara« sind einige für Familien und für Behinderte eingerichtet, im bayerischen Stil oder sehr originell farbig-kreativ gestaltet, kinderfreundlich. Sauna und Solarium im Haus. Die Küche bietet vorzügliche bayerische Spezialitäten, abends sind Schuhplattler- und Gesangseinlagen beliebt.

Gasthof Fraundorfer
Ludwigstraße 24,
82467 Garmisch-Partenkirchen
Tel. 0 88 21/9 27-0, Fax 9 27-99
www.gasthof-fraundorfer.de

WEITERE INFORMATIONEN ZUM WERDENFELSER LAND

Kur- und Ferienland Garmisch-Partenkirchen
Tel. 0 88 21/18 04 84, Fax 18 04 85
Websites: www.garmisch-partenkirchen.de

Mitte: 84 Quadratkilometer Wasserfläche – das ist der Chiemsee um seine drei Inseln –, auf dem Bild im Hintergrund die Kampenwand. Unten: Schlossfassade Herrenchiemsee, ein unvollendetes, unbewohntes bayerisches Versailles, es beherbergt heute das König-Ludwig-II.-Museum. Rechte Seite: Sonnenaufgang.

45 Das Bayerische Meer

Der Chiemsee, seine Inseln, schönes Land hinter den Ufern

Weiß lässt der Sommer seine Wölkchen über den Himmel ziehen. Sie spiegeln sich zahllos im großen Chiemsee und in den vielen Dutzenden seiner kleineren, wald- und wiesengesäumten Nachbarn. Im seenreichen Bayern ist der Chiemgau das Seenland um den größten See und zugleich die Region mit den wohl meisten Seen und Teichen. Allein die nahe dem Chiemsee im Wald versteckte »Eggstätter Seenplatte« bringt es – je nach Zählung – auf etwa 17 Seen und Teiche.

Die Segler und Surfer, die Schwimmer, die Wanderer lassen es sich allesamt wohl sein. Und können sich zugleich als Bergwanderer und Bergsteiger ausprobieren, stehen einem doch von allen Uferorten des Chiemsees die Chiemgauer Alpengrate vor Augen, die Kampenwand über Aschau, Hochgern und Hochfelln. Von Seeon aus, dem Ort einer vor über tausend Jahren gegründeten Benediktinerabtei nördlich vom Chiemsee, reicht der Blick bei Föhn oder an sehr klaren Wintertagen gar bis zum Watzmann und bis zum Großglockner in den Hohen Tauern. Chiemgauer beschwören es.

Kies statt Asphalt unter den Sohlen

Beides: das Grandiose wie das Beschauliche und Überschaubare gehört zur Chiemsee-Landschaft. Wild kann das »Bayerische Meer« im Sturm toben und tosen. Unter Nebelschwaden verbirgt es sich. Doch an jedem Schönwettertag ist die 84 Quadratkilometer große Wasserfläche voller Glanz und Leuchten. Ufernahe Wege abseits von Autostraßen und der München-Salzburger Autobahn locken im Moos zwischen Bernau und dem Marktort Prien. Auch nördlich vom Ort Übersee, wo Vögel im Naturschutzgebiet an der Tiroler Ache eine Freistätte finden, Libellenflügel glitzern, Seerosen mit ihrem Gelb prunken. Oder am Ostufer, wo es zwischen Chieming und Arlaching am ruhigsten ist. Gegenüber am Westufer führt ein überaus beliebter ufernaher Wanderweg entlang den drei Buchten zwischen Prien und Gstadt, Teilstück des 60-Kilometer-See-Rundwegs.

Auch wenn die beiden Inseln Herren- und Frauenchiemsee die spektakulärsten Attraktionen der Chiemseelandschaft zu

Oben: Winterschöne Seeufer nahe beim Dorf Rimsting, nördlich von Prien. Mitte: Chiemseelandschaft wie im Bilderbuch: Streuobstwiesen, weidendes Vieh, der nächste Kirchturm nicht weit.
Unten: Blütenpracht und Gemüsegärten gedeihen auf der Fraueninsel.
Rechte Seite: Den See zu Schiff erleben, von Insel zu Insel!

bieten haben, mit Ludwigs II. Schloss Herrenchiemsee und dem romanischen Münster auf Frauenchiemsee – das nahe Hinterland um den See hat genug Eigenes herzuzeigen.

Zauberhaftes Hinterland

Dazu zählen voran ein Künstlerhaus, kostbare Fresken der Jakobslegende in Urschalling (eine Wanderstunde von Wildenwart), das 800 Hektar große Kendlmühlfilz und die antiken römischen Funde, die mehrere Museen herzeigen können. Das Exter-Kunsthaus in Feldwies, ein uraltes Bauernhaus, war jahrelang sommerliches Atelier des Malers und Akademieprofessors Julius Exter (1863–1939) – seine Landschaftsbilder prunken mit einer Farbkraft, wie man sie sonst bei den Fauves (»Wilden«) um Matisse, Derain und Marquet bewundert. Ein selten dargestelltes Jakobswunder findet man in dem romanischen Kirchlein von Urschalling; in Wildenwart ist das Schloss der Wittelsbacher hinter seinem prachtvollen Torgitter zwar privat und Fremden verschlossen, doch die Schlosswirtschaft lädt mit bayerischer Gemütlichkeit ein. Im Kendlmühlfilz, dem Hochmoor bei Grassau, erwandert man die urtümliche 800-Hektar-Landschaft der Moose, Gräser und Birken, die seitdem Jahr 1992 unter Naturschutz steht. Weithin ist der Chiemgau noch Bauernland, mit Holzhäusern unter breiten Giebeln, mit Bauerntheater, Festen und Traditionen. Die Gäste um den See genießen es. Und das Schloss auf Herrenchiemsee möchte auch jeder mindestens einmal gesehen haben.

Sind wir im Park von Versailles?

Auch wer erstmals nach Herrenchiemsee übersetzt, hat meist schon von König Ludwigs II. »bayerischem Versailles« gehört, erwartet Goldglanz, Kristalllüster und königlichen Betthimmel. Das alles ist in authentischer Pracht in Augenschein zu nehmen. Freilich ist die Herrenschiemsee-Pracht von kühler Art. Ludwig Thoma, damals einer der populärsten bayerischen Schriftsteller, schalt über den »unglücklichen Abklatsch des Versailler Schlosses«, ihn fror »vor dem überladenen, planlos angehäuften Prunk«.

Mit dem Vorwurf der Planlosigkeit irrte Ludwig Thoma, wie so viele Kritiker Ludwigs II. Der hatte bereits 1873, fünf Jahre vor Baubeginn, die ganze, 240 Hektar große Insel gekauft. Und damit auch die Petition einer Deputation Chiemseer Bürger erfüllt und den herrlichen Hochwald der Insel vor der schon geplanten Kahlschlagaktion schwäbischer Holzhändler gerettet. Ludwig war ein penibler Bauherr, der Spezialliteratur studierte, selbst nach Versailles reiste und für modernste Technik seiner Zeit aufgeschlossener war als die meisten seiner monarchischen Vettern. Für seine idealistischen, sehr bewusst gegenwartsfremden Architekturvisionen forderte er den Bauleuten und Handwerkern genaueste Sorgfalt ab. Als Nebeneffekt entwickelte das bayerische Kunsthandwerk hervorragende Qualitätsstandards.

Zum merkwürdigen Doppelerlebnis wird der bayerisch-bourbonische Schlossrundgang auf Herrenchiemsee. Allein schon

mit ihren Dimensionen imponiert die Spiegelgalerie, die das Vorbild in Versailles noch um etliche Meter Länge übertrifft. An der königlichen Bettdecke, verraten die Schlossführer, arbeiteten Dutzende von Frauen sieben Jahre lang. Doch nur der geringste Teil des Schlosses sollte Ludwig II. zum Wohnen dienen, alles übrige war als Denk- und Ehrenmal entworfen, als Monarchie-Monument für den bewunderten Sonnenkönig Ludwig XIV. Nie wurde Schloss Herrenchiemsee vollendet, denn die königliche Kasse war nahezu leer, als sich Ludwig II. für neun Tage und Nächte vom 7.–16. September 1885 dort aufhielt, zum ersten und letzten Mal.

Nie sollten Besucherscharen, äußerte er einmal, Zutritt zu seinen Schlössern haben, denn sie würden die »geweihten Stätten entweihen«. Auch diese Absicht konnte Ludwig II. nicht durchsetzen. Und hat im Rückblick mit den »Königsschlössern« wohl doch mehr Gutes für sein Land vollbracht als Frankreichs Ludwig XIV., dem nach all seinen vielen Kriegen nichts von den eroberten Gebieten blieb. Viele Schlossbesucher ahnen nicht, wie ungestört man auf Herrenchiemsee in schöner Naturpark-Landschaft spazieren gehen kann. Ebenso wissen nur wenige von der Versammlung hochkarätiger Juristen im Jahr 1948, die im Alten Schloss, einem früheren Klostergebäude, das Grundgesetz der Bundesrepublik Deutschland entwarfen. Auch sind keltische Ringwallreste und Bauten der Benediktiner – schon im 7. Jahrhundert gründete wohl ein irischer Mönch den bis 1803 bestehenden Konvent – und später der Augustinerchorherren zu finden.

Die Blumenfülle ihrer Gärten schmückt die viel kleinere Insel Frauenchiemsee, auch »Fraueninsel« genannt, jeden Sommer neu mit phantastisch buntem Farbenrausch. Ihre karolingische Klosteranlage überdauert nicht museal, sie ist noch immer vom Leben der Benediktinerinnen erfüllt. Vielhundertjährige, ja auch tausendjährige Skulpturen und Wandmalereien schlagen Brücken über die Zeiten. Sanftmütig hat man diese Insel der Klosterfrauen, Fischer, Gärtner und Wirte genannt. Liebenswert ist sie, mit ihren nur dreizehneinhalb Hektar Inselfläche der liebenswerteste Flecken der ganzen Chiemsee-Herrlichkeit.

DER BLICK AUF DEN SEE UNVERSTELLT

Das Hotel Wassermann der Familie Stocker in Seebruck ist das Richtige für einen komfortablen Chiemsee-Urlaub – samt Segel- und Surfkursen, Kanu- und Kajakfahren, Rafting auf der Ache und Floßfahrten auf der Alz, samt Hallenbad, Wellnessprogramm und jederlei Radltouren.

Hotel Wassermann
Ludwig-Thoma-Straße 1
83358 Seebruck am Chiemsee
Tel. 0 86 67/8 71-0, Fax 871-4 98
www.hotel-wassermann.de

WEITERE INFORMATIONEN ZUM CHIEMSEE

Chiemsee-Tourismus KG
Tel. 08 61/96 55 50, Fax 9 65 55 30
Schloss- und Gartenverwaltung Herrenchiemsee
Tel. 0 80 51/68 87-0, Fax 68 87 99
Chiemsee-Schiffahrt Ludwig Feßler
Tel. 0 80 51/60 90, Fax 0 80 51/6 29 43
Websites: www.chiemseetourismus.de, www.chiemsee.de, www.derchiemgauer.de www.chiemsee.bayern-online.de

Viele bewundern den Königssee als schönsten aller deutschen Seen, darüber ist objektiv nicht zu entscheiden. Aber wie sich das Watzmann-Massiv im Königssee spiegelt, wie er fast rundum von Felsen umschlossen ist – das ist imposant, in Deutschland einmalig. Rechte Seite: ein uriges Bayernerlebnis ist der Almabtrieb.

46 Im Nationalpark Berchtesgaden

Wildnis um den Watzmann

Zu den meistgesuchten Bewohnern gehören die Steinadler, die im Nationalpark gar nicht so selten sind, auch die Birk- und Auerhühner, der Schwarzspecht und der Dreizehenspecht und die Apollofalter. Von den Gämsen und von den Alpensteinböcken, die mit dem starken, geschwungenen »V« ihres Gehörns im Alpenraum seit Jahrzehnten wieder ganz normal zu Hause sind, sprechen die Nationalparkbetreuer weniger. Auch nicht von den Murmeltieren, die im Königsseegebiet zahlreich vorkommen und mit weit tragendem Gepfeife auf sich aufmerksam machen. Zu den Arten, die bereits vertrieben waren und neuerdings zurückkehren, gehören Luchs und Bartgeier. Die Chance ist gut, einen Alpensalamander zu beobachten. Man sollte seine Füße mit Achtsamkeit setzen: auch Kreuzottern sind hier heimisch, dagegen Bären schon lange nicht mehr. Oder noch nicht wieder?

Naturschutz im Nationalpark bedeutet, Wildnis zuzulassen.« Das gilt auch für die 210 Quadratkilometer im »Nationalpark Berchtesgaden«, der die grandioseste Hochgebirgslandschaft Deutschlands umschließt (Naturschutzgebiet seit 1921). Zugleich gehört es zum Programm des Nationalparks, offen zu sein für Besucher und ihnen das Erlebnis dieser großen, weithin unverfälschten Naturlandschaft zu ermöglichen. Das Erleben der Wildnis.

Unvermeidlich gibt es da Übergangszonen, notwendigerweise müssen sich Touristen und Nationalparkhüter auf Kompromisse einigen. Bevor der Besucher in den Nationalpark eintritt, bevor er möglicherweise in ein Stück Wildnis gerät, kommt er durch die Königssee-Gemeinde Schönau. Die ist ein Kompromiss, wohl sogar ein guter Kompromiss. Im Gründungsjahr des Nationalparks, 1978, wurden nach den Regeln der Gemeindegebietsreform die beiden Gemeinden Königssee und Schönau zusammengelegt. Schönau (= schöne Au) reicht mit seinen Wiesenflächen bis an Berchtesgaden heran, zwischen Königsseer und Ramsauer Ache. Dank der Attraktivität des Nationalparks leben in der florierenden Gemeinde Schönau an

Lauter unvergessliche Ausblicke: zur Reiteralpe, wie sie sich im Hintersee spiegelt, auf das Kircherl mit barocker Haube in der Ramsau, noch einmal auf die Watzmann-Wände und -Gipfel.
Rechte Seite: Chorherrenstift und Salzbergwerk, Sommerfrische und Wintersport: Berchtesgaden. Rechts außen: Waldarbeit im Nationalpark.

die 6000 Menschen, Gästebetten stehen noch rund 2000 mehr bereit, und für mindestens 4000 Parkplätze ist gesorgt.

Zur Urlaubszeit eskaliert das Gedränge an der Königssee-Schiffslände wie auf dem Münchner Oktoberfest, mittendrin die altersbraunen Planken der Bootshäuser wie aus einer längst verwehten Zeit. Dutzende von voll besetzten Elektrobooten steuern über den Königssee. Wirft jemand ein Papier in den See, der Trinkwasserqualität hat, riskiert er kritische Blicke und Proteste seiner umweltbewussten Nachbarn. Gleich ist man unter der Steilwand des Watzmanns, gleich werden die Bootsleute ihre Trompete oder das Flügelhorn an den Mund setzen. Ihre Soli wiederholt das Echo unter der Felswand dreimal, viermal, fünfmal, zum Staunen des Publikums, das großzügig Trinkgeld spendiert.

Das Gemütvolle und das Hochdramatische liegen in den bayerischen Alpen nicht weit voneinander. Rein geographisch beschrieben, schließt der »Nationalpark Berchtesgaden« fast den gesamten Königssee ein und um den See das südöstlichste Staatsgebiet der Bundesrepublik Deutschland – mit dem Alpenriesen Watzmann und dem Hochkalter, seinem Gipfelgrat und dem nördlichsten Gletscher der Alpen, dem »Blaueis«.

Um 1800: »mit Erstaunen, Freude, Angst«

Den Watzmann zu ersteigen, sollten sich nur geübte Bergsteiger vornehmen. Kommt man bis zum »Watzmannhaus« mit guter Kondition auch ohne Bergerfahrung, ist der Aufstieg zum Mittelgipfel (2713 Meter) doch eine Herausforderung, die Trittsicherheit und auch Schwindelfreiheit verlangt.

Als Erstbesteiger ist ein Salzburger Theologiestudent mit Neigung zur Botanik und Landvermessung bezeugt: Valentin Stanig – ein Altersporträt zeigt ihn mit hoher Stirn und entschiedenem Kinn – stieg 1799 oder 1800 zum Watzmann-Hocheck auf und von dort ohne seine Gefährten über den schmalen Grat weiter zur Mittelspitze: »... bald musste ich mich auf einem schneidigen Rücken sitzend weiterbewegen, bald wie in Lüften schwebend an steilen Wänden dahinklettern ... mit größter Anstrengung erreichte ich über loses Gestein den höchsten Punkt des Wazmanns. Mit Erstaunen, Freude und Angst erblickten mich die Zurückgelassenen auf diesem in die Wolken stechenden Spiz.«

Der Nationalpark reicht nach Westen, Süden und Norden an die Grenzen Österreichs. Drei große Täler, außer dem Königssee das Klausbachtal und drittens das Wimbachtal mit ihrer vom Wildbach durchtosten Klamm, gliedern das Gebirge.

Hochgebirge und Seepromenade

Der Blick aus großer Höhe hinab zum Königssee gehört zum Schönsten, was die Alpen bieten können – und das ist sehr viel. Wie sich unter blauem Himmel in der Tiefe das Blau des Königssees erstreckt, wie ein eingewachsenes Juwel

zwischen lauter imposanten Steilufern und Felswänden – man möchte das immer wieder sehen. Dass der See hier entstand, verursachte erdgeschichtlich ein Gletscher, der vom Steinernen Meer her den Talgrund ausfräste und das Felsgeröll bis zum heutigen Ort Königssee schob, wo sich beim Auftauen des Gletschers der See aufstaute. Als sich der Gletscher vor etwa 10 000 Jahren in kälterem Klima noch einmal festigte, bildete sich ein Wall aus Moränenschutt und in der folgenden Warmzeit der Obersee oberhalb der heutigen Saletalm.

Wie groß der berühmte Königssee ist, erkennt man aus der Höhe am besten, wenn man auf die Wallfahrtskirche St. Bartholomä schaut. Winzig wirkt sie mit ihren beiden Turmhauben (erbaut 1670/72) auf der schmalen Landzunge am Watzmann!

Die Berchtesgadener Fürstpröpste, bis ins frühe 19. Jahrhundert die Landesherren, hatten auf der Landzunge ihren Fischerei- und Jagdstützpunkt, dann lösten die bayerischen Könige sie ab. Ihr schlichtes Jagdschloss gleich neben der Kirche ist ein viel besuchtes Gasthaus schon seit 1919, nachdem Ludwig III., der letzte König, abgedankt hatte. Eine längere Tradition als die Bayernkönige haben die Wallfahrer, die am Bartholomäustag, dem 24. August, aus dem österreichischen Pinzgau über das Steinerne Meer kommen, seit mindestens 1699 schon, wie eine alte Jahreszahl in der Kirche bezeugt. Zimmer zum Übernachten gibt es nicht und auch keinen einfachen Landweg nach St. Bartholomä, man findet über die Berge nur steile Steige.

Den Bergwanderern gehen im Nationalpark die Wege nicht so bald aus. Auf 190 Kilometer Gesamtlänge bringt es das Wanderwegnetz, und sommers wie winters können Nationalparkbesucher auch an kostenlosen Führungen teilnehmen, ob auf längere Wanderungen oder Führungen zu Spezialthemen. Gegen einen geringen Unkostenbeitrag können Kleingruppen (ab 7 Teilnehmern) auch Führungen zu ihren Wunschthemen vereinbaren. Fast ohne Anstrengung wandern Bergungewohnte am See entlang zum »Malerwinkel« oder lassen sich in der Seilbahnkabine zum Jenner-Ausblick hinauftragen.

MIT BLICK IN DIE BERGE

Am Waldrand von Schönau liegt das Hotel Georgenhof mit großem Gebirgsblick, als »Umweltbewusster Hotelbetrieb« ausgezeichnet und im Michelin mit dem »Bib«-Logo markiert, das auf gutes Preis-Leistungs-Verhältnis hinweist. Großer Garten mit Liegewiese, Kachelöfen im Café-Restaurant für Hausgäste und in den Aufenthaltsräumen, Wintergarten mit offenem Kamin, dazu Sauna, Solarium und Massagen. Bushaltestelle 3 Min., 5 EZ, 9 DZ, 8 MBZ

Georgenhof
Modereggweg 21, 83471 Oberschönau
Tel. 0 86 52/95 00, Fax 95 02 00

WEITERE INFORMATIONEN ZUM NATIONALPARK BERCHTESGADEN

Berchtesgadener Land Tourismus GmbH
Tel. 0 86 52/96 72 15, Fax 0 86 52/96 74 02
Websites: www.berchtesgadener-land.com, www.bayerische-seenschiff-fahrt.de

Am Großen Arber (1456 m) im Nationalpark Bayerischer Wald. Auch Bär und Wolf, Wisent und Auerhahn sind hier wieder heimisch, mancher Wald wandelt sich zum Urwald.

47 Im Nationalpark Bayerischer Wald

Urwald in Deutschland

Auf markierten Wegen, zum Teil auf Stegen, gehen wir durch den Urwald. Aus Totholzdickicht wächst der junge Wald, Schösslinge unterschiedlicher Baumarten sind überall zu beobachten, wachsen auch aus gestürzten Bäumen hervor. Hier entwickelt sich ein Wald ohne gezielte menschliche Einwirkung, langsam entsteht ein Urwald. Die Förster pflanzen weder Bäume noch bekämpfen sie Schädlinge. Dieser erste Nationalpark in Deutschland wurde 1970 gegründet. Bald überwucherte dichtes Unterholz die Granitblöcke des Gebirges. Protest wurde heftig laut, weil der Borkenkäfer nicht chemisch bekämpft wurde und so auch private Fichten-Monokulturen befiel.

Staunend sehen wir, wie die Natur sich selbst reguliert. Auch seltene Tiere (Schwarzstorch, Wildkatze) stellen sich wieder ein. In Freigehegen erinnern Wolf und Bär an die ursprüngliche Fauna.

HOTELEMPFEHLUNG nahe am Nationalpark im Glaskünstlerland: Landhotel Tannenhof, am Waldrand. Auf der List 27, 94518 Spiegelau, Tel. 0 85 53/97 30, Fax 97 32 00, landhotel-tannenhof@t-online-de

Auch in Zukunft finden im Zeltdachstadion zahlreiche Veranstaltungen statt.

48 Münchens zweite Festwiese

Olympisch unterm Zeltdach

Heute scheint es wie ein Wunder, dass nach allen hitzigen Diskussionen der Stuttgarter Professor Frei Otto das 75 000 Quadratmeter große Olympia-Zeltdach bauen durfte. Die Bereitschaft, für neue Ideen Risiken einzugehen, war vor 40 Jahren in Deutschland wohl deutlich größer. Kaum fertig gestellt, nicht ohne Rückschläge übrigens, löste das Zeltstadion weithin Begeisterung aus. Großmaßstäbliche Architektur konnte also auch leicht, transparent, originell geraten, das war eine neue Erfahrung. Umso überzeugender, als der Olympiapark, das grüne Gelände umher mit seinen Hügeln und Seen, rasch von den Münchnern »angenommen« wurde, samt Sommer- und Winter-Festivals. Kein Zweifel, dass es viel schöner anzusehen ist als die Theresienwiese des Oktoberfests. Ein Vierteljahrhundert später, 1998 stand das Olympiastadion dann unter Denkmalschutz.

HOTELEMPFEHLUNG: Cosmopolitan, garni, Hohenzollernstr. 5, 80801 München, Tel. 0 89/38 38 10, Fax 38 38 11 11, cosmo@cosmopolitan-hotel.de

49 Die Insel Mainau

Bodensee-Blumenfest für alle

Mit einem Straßendamm ist das Parkwunder ans Festland angebunden und auch zu Schiff erreichbar. Der Rosengarten, das barocke Schloss, ein Palmen- und Orchideenhaus, die italienische Wassertreppe, Kunstwerke und jahreszeitliche Höhepunkte wie tausende Tulpen am Südhang, Konzerte, Ausstellungen und Weinproben erfreuen die Besucher, für Restaurants ist gesorgt. 1932 hatte Graf Lennart Bernadotte den Inselpark geerbt – heftig von der Natur überwuchert. Mit Phantasie und Naturliebe gestaltete der Graf eine Sehenswürdigkeit ersten Grades. Seit seinem Tod leitet seine Ehefrau Gräfin Sonja Bernadotte af Wisborg erfolgreich die Stiftung »Blumeninsel Mainau GmbH«. 2005 hieß das Jahresmotto augenzwinkernd »Kunst und Kitsch«, ein neun Meter hoher blumenbepflanzter Gartenzwerg wurde sehr bestaunt.
Es gibt keine Übernachtungsmöglichkeiten auf der Insel! Im nahen Konstanz wohnt man gut in der schönen Altstadt im Dreisterne-Hotel »Barbarossa«. Obermarkt 8–12, 78462 Konstanz am Bodensee, Tel. 0 75 31/12 89 90, Fax 1 28 99–7 00; www.barbarossa-hotel.com

Auf Deutschlands meistbesuchter Gartenschau sorgen rund 450 Mitarbeiter für die üppige Flora. Im Vordergrund: das Bernadotte-Schloss.

50 Auf der stillen Halbinsel Höri

Dichters Traum, Malers Zuflucht

»Hierher nach Gaienhofen kommt niemand, das ist doch zu abseits«, schrieb Hermann Hesse 1904. Als jung verheirateter Autor hatte er sich auf der Höri ein Bauernhaus gemietet, einfach, sehr ruhig. In Gaienhofen lebte er einige Jahre mit Familie und Bauerngarten – den Traum einer kreativen Idylle. Das Bauernhaus zeigt Hesses Schreibtisch, an dem er auch in späteren Jahren arbeitete. Das ehemalige Schulhaus daneben ist Höri-Museum. Bei Horn genießt man den friedlichsten Seeblick zur Halbinsel Mettnau und zur Reichenau, von den Uferorten Öhningen oder Gaienhofen wandert man ungestört durch dichten Wald auf die Höhe (700 Meter). In die Abgeschiedenheit von Hemmenhofen floh der expressionistisch-veristische Maler Otto Dix, als seine Kunst unter Hitler als »entartet« verfolgt wurde. In seinem Haus (Otto-Dix-Weg 6) sind sein Leben und Werk dokumentiert. Im Land der »Luft von Opal und Perlmutter« (Hesse) findet sich auch das Hirschen-Gästehaus Verena, Kirchgasse 1, 78343 Gaienhofen-Horn, Tel. 0 77 35/9 33 80, Fax 93 38 59, hirschen-horn@t-online.de

Der Reiz der Insel Höri ist eher das Stille, In-sich-Ruhende.

Quer durch die süddeutschen Lande (von oben nach unten): Blick hinauf zu der skulpturengeschmückten Dachzone von Schloss Herrenchiemsee – Meersburger Uferbauten – und ein Beispiel für die Neigung des Königs Ludwig I. zur Architektur der griechischen Antike: die Ehrenhalle »Walhalla« bei Regensburg. Rechts: Seit 1998 steht das Olympiastadion unter Denkmalschutz.

Oben: Im sommerhellen Schleswig-Holstein blüht`s vielerorts so schön wie hier in Bosau um die Dunkersche Kate, nach dem Muster alter Bauerngärten. Unten: An der Ostsee, am Darss in Mecklenburg-Vorpommern, sorgen die Blumenfreunde für ähnlich buntes Blühen um ihre reetgedeckten Häuser.

Register

Hamburgs historische Speicherstadt mit ihren stillen Fleets wird Teil der neuen HafenCity, einer Stadtlandschaft, in der moderne Büros und alte Zweckbauten, komfortable Wohnungen und neue Stätten der Kultur benachbart sind. Der große Waren- und Güter-Umschlagsplatz »Hamburger Hafen« wird noch attraktiver werden.

Noch einmal im Park von Sanssouci, in der Wunschlandschaft, die sich König Friedrich II. gestaltete: zwischen Baumgruppen und Rasenflächen, Fontänen und Blumenrabatten trifft man auf Skulpturen europäischer wie asiatischer Tradition, auf einen klassizistischen Jüngling oder eine chinesische Hofdame.

Impressum

Unsere Gesamtverzeichnis finden Sie unter:
www.bruckmann.de

Produktmanagement: Susanne Caesar
Layout: graphitecture book, Laurence Aubineau, Rosenheim
Repro: Repro Ludwig, Zell am See
Umschlaggestaltung: Anna Katavic unter Verwendung von Bildern der Bildagentur laif (Mitte, oben Mitte, unten) und Bildagentur Huber (links oben)
Kartografie: Astrid Fischer-Leitl, München
Herstellung: Bettina Schippel
Printed in Italy by Printer Trento

Alle Angaben dieses Werkes wurden vom Autor sorgfältig recherchiert und auf den aktuellen Stand gebracht sowie vom Verlag geprüft. Für die Richtigkeit der Angaben kann jedoch keine Haftung übernommen werden.
Für Hinweise und Anregungen sind wir jederzeit dankbar. Bitte richten Sie diese an:

Bruckmann Verlag
Produktmanagement
Innsbrucker Ring 15
D–81673 München
E-Mail: lektorat@bruckmann.de

Bildnachweis:
Umschlagvorderseite: Oben von links nach rechts: Blick auf den Stadtteil Merl, Sylt, Müritzsee
Mitte: Die Moselschleife bei Cochem
Unten: Hamburg Speicherstadt
Umschlagrückseite von links nach rechts: Stralsund, Geroldsee, Fraueninsel
Seite 1: Kuppel im Reichstag Berlin
Seite 2/3: Blick über den Riegsee auf das Zugspitzmassiv. (Bernd Römmelt)
Seite 164/165: Die winterliche Loisach mit Herzogstand und Heimgarten. (B. Römmelt)

Alle Abbildungen stammen von Thomas Kliem, mit Ausnahme von:
Bernd Römmelt: 2,3, 10 oben Mitte, 11, 12 Mitte, 122-123, 144-145, 146 u., 150-151, 152o., 153, 154, 155 Mitte, 156, 157, 158, 159 Mitte, 163, 164-165
Melitta Kolberg: 13, 14-15, 45, 166
Ottmar Heinze: 16, 17
Joachim Hellmuth: 108-111, 135, 140, 143
Bildagentur laif: 23 u. (Eisermann), 24 Mitte (Lengler), 27 o. (Modrow), 29 r. (Glücklich), 29 l. (Eisermann), 53 r.o. (Böning/Zenit), 53 u. (Galli), 57 o. (Zielske), 57 l. u. (Langrock/Zenit), 57 r.u. (Galli), 62/63 (Kohlbecher), 67 l.o. (Gaasterland), 67 l.o. (Gaasterland), 67 u. (Gaasterland), 68 o. (Gaasterland), 71 u. (Kreuels), 75 o. (Zielske), 75 u. (Böning/Zenit), 77 o. (Tast), 79 o. (Zielske), 79 l.u. (Barth), 79 r.u. (Barth), 83 o. (Zanettini), 83u. (Babovic), 85 l.o. (Babovic), 85r.o. (Zanettini), 92 o. (Modrow), 93 l.o. (Zielske), 93r.o. (Kirchner), 95 (Zielske), 97 u. (Bialobrzeski), 105 (Zielske), 106 o. (Naegele), 106 M. (Naegele), 106 u. (Eid), 120/121 (Eisermann), 125 o. (Emmler), 125u. (Bungert), 132 u. (Selbach), 133 o. (Selbach), 133 l.u. und r.u. (Selbach), 142 M. (Sahm), 162/163 (Adenis/Gaff)
Reinhard Feldrapp: 113, 115 unten
Bildagentur Huber: 23 oben
Bildagentur Look: 62/63 (Edmaier)
M. Neumann: 67 Mitte

Die Deutsche Bibliothek –
CIP-Einheitsaufnahme
Ein Titelsatz für diese Publikation ist bei der Deutschen Bibliothek erhältlich.

ISBN 3-7654-4378-6